向け特殊慰安所RAA

村上勝彦
Murakami Katsuhiko

1641

進駐軍向け特殊慰安所ＲＡＡ【目次】

第四章　立ち入り禁止　097

第五章　誰が街娼になったか　143

はじめに

日本軍の従軍慰安婦問題については、その強制性を巡る議論が続いているが、敗戦直後の一九四五年八月一八日に、政府が全国の知事に宛て「進駐軍向けの慰安所の設置」を指示したことを知っている人はどの程度いるだろうか。

私自身この国の近現代史はある程度知っているつもりであったが、政府が進駐軍専用の慰安所を作るよう指示していたことは長く知らなかった。

敗戦からわずか三日で政府がそうした指示を出した背景には、日本軍が中国をはじめアジア各地に慰安所を設けたのと同じ理由がある。それは戦地や占領地で数多く起きた強姦である。慰安所があっても強姦は絶えることなく起きており、初めて占領を経験する政府は、占領軍が日本軍と同様のことを行うだろうと考えて、当たり前のように専用の慰安所を設けた。

当時の政府は、天皇を頂点としたそれまでの体制の維持、「国体護持」を最大の使命と考えており、戦地での経験から国民と進駐軍の対立は極力避ける必要があった。

東京では警視庁が働きかけＲＡＡ（Recreation & Amusement Association）、特殊慰安施設協会が関連する七つの業界組合を基に設立され、その資金として三三〇〇万円が当時の池田勇人大蔵省主税局長の鶴の一声で銀行から融資されている。当時の国家予算の〇・一％強にあたる資金が、東京の一団体に融資されたのである。そして戦前・戦中に刷り込まれた「滅私奉公」「一億火の玉」を利用し、「国の防波堤」、「人柱」という言葉に置き換え、地方に散っていた売春婦を警察の協力を得て集めた。それだけでなく、「衣食住提供」と新聞広告を出して、住まいを失いその日の食べ物に事欠く一般の女性も集めた。

八月二八日、進駐軍の先遣隊の米兵が神奈川の厚木基地に到着したときには東京の大森に慰安所が開設されていた。政府の指示から一〇日、敗戦から二週間もたたない間のことである。全国各地にも同じように進駐軍専用の慰安所が次々とつくられた。

慰安所に応募した一般女性は仕事の内容を聞かされ初めて売春をすることを知り、精神を病んだり自殺したりと様々な悲劇も起きた。慰安所があっても進駐した米兵の強盗や強姦は絶えなかった。

このように政府は、戦時中と同じように戦地・占領地には慰安所が必要との考え方の延長線上に、占領下での兵士の「性」を何の違和感もなくとらえていた。

占領軍専用の慰安所があまり知られていない一つの理由は、七か月で閉鎖になったことも大きいのではないかと思われる。GHQは兵士に性病が広がることを止めることができず、進駐軍専用慰安所は翌一九四六年三月にOff-Limits（オフ・リミット、立ち入り禁止）とされた。

しかし、従軍慰安婦問題を考える上では、敗戦の直後に政府が各地に進駐軍専用の慰安所設置を指示した事実は、国家が慰安所をどのように考えていたのかを知るうえで極めて重要なことの一つである。

慰安所の閉鎖と共に、働いていた女性たちは行き場に困り「パンパン」と呼ばれる街娼になる人も多かった。派手な衣装と化粧で米兵と腕を組んで歩く街娼に、世間の眼は冷たく、蔑視された。同時に性病を減らすため米軍の指導の下、「狩り込み」が頻繁に行われた。これは街娼と思える女性を、否応なしに捕まえ、性病検査を受けさせるものであった。

戦場での兵士の性は日本だけでなく、ドイツ、フランスでも同じであり、米軍はフランスでは売春宿を利用し、ドイツも慰安所を設けた。同時に強姦も絶えなかった。

特にドイツは強制収容所に売春所を設け、強制労働のいわば報酬としていた。ドイツの強制収容所の売春は、収容者が政治犯や犯罪者ということもあり、長らく語られることがなかったが、一九九〇年代以降表に出てきている。

私はこの本を書くにあたり多くの文献に眼を通したが、実に多くの人たちがRAAをはじめ、各地の進駐軍専用の慰安所について一九五〇年前後から雑誌や書籍に書いていることを知った。中には慰安婦自身が著したものもある。

しかし政府は国会で占領軍慰安所設置の指示や、占領軍用慰安所の存在自体を「知らない」としている。厚生労働省の調査や、いくつかの県史や警察史にも記載されているにもかかわらずである。

私はこの問題の専門家ではない。ただこの国では、政府が進駐軍用に慰安所の設置を指示していたことをできるだけ多くの人たちに知っていただきたいと思っている。それを知ることは、戦争が戦闘だけでなく、占領下では様々な形で民間人を巻き込むこと、そして日韓の慰安婦問題を考える上でも重要なことであると思うからである。

第一章　治安と貞操

†内務省からの無線通牒

天皇の敗戦を告げるラジオ放送が流れ、日本の人々は戦争に敗れたことを知った。日本は占領された経験がなかった。人々は虚脱感に包まれ、同時に中国や東南アジアで日本軍による様々な略奪や住民への残虐行為を噂として聞いていたので、占領されるとどうなるのか不安でいっぱいであった。

市街地のほとんどが米軍の空襲で焼けてしまった東京では、焼けた材木のバラックはまだいい方で、防空壕や上野や銀座などの地下道で飢えに苦しみながら雨露をしのいでいた。

こうした不安と混乱の中で、一九四五年八月一五日の玉音放送からわずか三日後の八月一八日。内務省の橋本政実警保局長名で全国の長官（知事）に宛て「外国軍駐屯地における慰安施設について」という無電が流された。

その内容は次のとおりである。

外国軍駐屯地には慰安施設等設備が必要である。この取り扱いは極めて慎重を要するので次の条項を留意のうえ、手抜かりのないようしてほしい。

一　外国軍の駐屯地区や時季は今は予想できないが、必ず自分の県に駐屯すると想定し、県民を動揺させないようにすること。

二　駐屯した場合はすぐに必要なものなので、内部で予《あらかじ》め手筈を定めるとともに、外部には絶対に漏れないようにすること。

三　この施設設置は日本人の保護が目的であることを理解させ、地元の人の誤解を生まないようにすること。

続いて「別記」として「外国駐屯軍慰安施設等整備要領」が記されている。

一、外国駐屯軍に対する営業行為は一定の区域を限定し、従来の取締標準にかかわらず許可する。
二、前項の区域は警察署長が設定し、日本人の施設利用は禁止する。
三、警察署長は左の営業については積極的に指導を行い、設備の速やかな充実を図るものとする。
　　性的慰安施設
　　飲食施設
　　娯楽場
四、営業に必要な婦女子は芸妓、公私娼妓、女給、酌婦、常習密売淫犯者らを優先的にて、満たすこと。

一九五二年一〇月の労働省婦人少年局の「売春に関する資料」に記載された原文は一七ページのとおりである。

これは近く来る進駐軍の駐屯地には慰安施設等設備が必要であり、警察署長が中心となって、場所を決め、占領軍専用の性的慰安施設を設け、そこで働く女性を集めろというものである。しかもこれらは外部には絶対漏れないよう行うことを求めている。

これを出した内務省警保局は、今の警察庁に当たり全国の警察組織を統括していた。警保局長は地方の知事より地位が上で、通牒に名前がある橋本政実局長も二つの県の知事を経験して八月に局長になったばかりである。

†慰安所設置指示の背景

三日前の玉音放送があるまで、「鬼畜米英」「一億火の玉」と本土決戦を当然のように言っていた政府が、一転してそれまでの敵のために女性をあてがう施設を作るよう指示したのである。「外部に漏れないよう秘密裏におこなえ」ということからも、この指示がそれまで敵であった者をもてなすという、数日前まで国民に言ってきたことと真逆のものであることを意識していることがわかる。

「日本人の保護が目的であることを理解させ」ということからは、それまでの「敵」に官憲が率先して日本女性を提供することで官憲への不信が生まれることや、噂として広まっていた進駐軍への不安が拡大することへの怖れが表れている。

私の亡くなった母は、当時一三歳で富山県の片田舎にいたが「占領軍が来ると、男はみんな殺され、女はつれさられるといわれていた」と話していた。

外国軍駐屯地に於いては別記要領に依り之が慰安施設等設備の要あるも本件取り扱いに付いては極めて慎重を要するに付特に左記事項留意の上遺憾なきを期せられ度

記

一、外国軍の駐屯地区及時季は目下豫想し得ざるところなれば必ず貴県に駐屯するが如き感を懐き一般に動揺を来さしむるが如きことなかるべきこと。

二、駐屯せる場合は急速に開設を要するものなるに付内部的には豫め手筈を定め置くこととし外部には絶対に之を漏洩せざること。

三、本件実施に当たりて日本人の保護を趣旨とするものなることを理解せしめ地方民をして誤解を生ぜしめざること。

(別記)

外国駐屯軍慰安施設等整備要領

一、外国駐屯軍に対する営業行為は一定の区域を限定して従来の取締標準にかかわらず之を許可するものとす

二、前項の区域は警察署長に於いて之を設定するものとし日本人の施設利用は之を禁ずるものとす

三、警察署長は左の営業に付ては積極的に指導を行い設備の急速充実を図るものとする。

性的慰安施設
飲食施設
娯楽場

四、営業に必要なる婦女子は芸妓、公私娼妓、女給、酌婦、常習密売淫犯者等を優先的に之を充足するものとす。

警視庁情報課が八月一五日から三〇日までに収集した「街の声」では、

「敵は上陸したら女を片っ端から凌辱するだろう。早く田舎へでもいかなければならない」

「宮城《きゆうじよう》（皇居）に占領軍が旗を立て乱痴気騒ぎをし、高層建築をダンスホールにして若い婦女子を弄ぶだろう」

「駐屯軍の食糧は全部日本で賄うのだから、今に日本もドイツのように餓死するものが多くなる」

「牛、馬、豚などの家畜を進駐軍に徴発されるのではないか」

「略奪強姦など不安にさせることをいうのは、戦地帰りの人が多いようだ、早く外国人相手の享楽機関を設けて一般婦女子の被害をなくしてほしい」

「鉱山に働いていた捕虜が今まで眼をつけていた女を連れて帰国するんだといっているそうだが、連れて行かれる女こそ可哀想だ」

「中国や朝鮮に威張られるのが癪だから、いっそのこと子供を道づれに死んだほうがましかもしれない」

「敗因は軍閥が自らを省みず悪い施策を採ったからだ、これからは青い目玉が上陸し、日本の婦女子に暴行することは必定だ」

などということが報告されている。(『性暴力問題資料集成 編集復刻版』)

日本軍が戦地でどんな残虐な行為を民間人、特に女性にしたのか経験のある人や、伝え聞いた人は恐れおののき、現に神奈川県知事は県庁の女性事務員に三か月分の給与を渡し、田舎に逃げるように勧め、横浜市もそれにならったほどで、再び疎開騒ぎのような状態になった。

筆者はこの無電文や受信記録の原本を探したが見つけることはできなかった。国会でも政府は「原文は見つからない」としている。

しかし、この内容の通牒があったことは『神奈川県警察史』や『広島県警察百年史』、『埼玉県史』などいくつかの県警史や県史にも記されている。

一九四五年八月三〇日の朝日新聞には、「進駐軍の慰安施設」の見出しで以下の記事がある。

「神奈川県では進駐軍用慰安施設と娯楽面復興に伴う横浜市内の娯楽所設置区を次のごとく決定した。進駐軍憲兵慰安施設エキスプレスビル(バー)、カナダ汽船ビル(カフェー)、船舶無線（カフェー）、大阪商船ビル（キャバレー）、互楽荘（慰安所）、日本商船大丸谷寮（慰安所）、その他箱根江ノ島に慰安所、キャバレーを設置する。

慰安所を設置する地区　目下県保安課に娯楽所開業申請が殺到しているが県では大体花園橋付近の掘割側を境として大丸谷、本牧までの間を設置場所に指定してどしどし許可する方針である」

この記事でわかるように、内務省の指示に従い進駐軍用の慰安所をはじめ各種慰安施設を設けることが着々と進められ、また開業しようという人たちが多かったことがわかる。

†国体護持への不安

敗戦直後に内務省はなぜこのような指令を出したのだろうか。

ポツダム宣言は日本軍に無条件降伏を呼びかけ、連合軍は日本本土を占領し武装解除や戦争犯罪人の処罰など軍国主義の一掃と民主主義の復興を要求した。

実は一九四五年四月ごろに海軍大臣は「敗戦は必至」と考え、のちに内務大臣になる山崎巌に終戦後の国政運営を研究するよう頼んでいる。当時山崎は陸軍からは敗戦論者と見られ、憲兵に監視されているような状態だった。この依頼を受け山崎は、東久邇宮《ひがしくにのみや》内閣時代に警視総監になる坂信弥《さかのぶよし》に相談相手になってもらっている。

ポツダム宣言の受諾は一九四五年八月一四日に、天皇が出席する最高意思決定の場、「御前会議」で決定され、翌一五日の正午に天皇が読み上げた「終戦の詔書」がラジオ放送されることになった。

しかしこれを知った軍の一部は徹底抗戦を叫び、一五日未明に皇居を取り囲み、宮内省や当時の東京放送局（現在のＮＨＫ）に乱入し放送予定の天皇の録音盤を探した事件が起きたが、陸軍首脳部の理解が得られず失敗に終わった。これは一九六七年に「日本のいちばん長い日」として映画になり、二〇一五年にも同じ題名で別の作品が公開されている。

鈴木貫太郎内閣の後を継ぎ、一九四五年八月一七日に発足した皇族内閣の東久邇宮総理は、ポツダム宣言を受け入れることへのこうした一部軍部の抵抗が心にあり、占領軍が進駐したときに軍がどう動くのかが不安であった。東久邇宮は日記に次のように当時の様子を書いている。

八月一八日には、陸軍中将に「軍人の中には不正行為をなすという噂があるので憲兵が取り締まり陸軍の終わりを清くするようにしてほしい」と依頼している。

また八月二〇日には近衛文麿、緒方竹虎の両国務大臣から「東京および近県の陸軍の少壮軍人や軍隊が今夜二重橋前に集結し宮城を占拠しようとする計画がある」と聞かされ、詳しく知っているはずの担当大臣を呼ぶが、あまり話をしようとしない。

その大臣の部屋に首謀格の中の二人が来ていることを聞き、その二人を部屋に招き一人で話を聞いた。二人は宮城を占拠して国体を護持するとすこぶる意気軒昂であった。東久邇宮総理は「総理になったからには、身をもって国体を護持する決心である。宮城を占拠すれば近く進駐してくる米軍と戦闘が起きる。そうなれば国体護持はできず国が滅亡することにもなる」と説得した。

首謀格の二人は一旦仲間のもとに戻りやがて、一枚の紙をもってやってきてその書面をラジオで一時間ごとに放送してもらえれば計画を中止するという。その内容は「国体を自主積極的に護持し奉ることを誓う。諸子は自愛自重してほしい」というもので、東久邇宮は午後六時から官邸の臨時放送室から放送し、その録音を夜半まで放送し、各所に集結していた軍隊は解散した。さらに八月二四日には抵抗が続いていた陸海軍の飛行隊の武装解除を命じている。

東久邇宮内閣の近衛文麿国務大臣の秘書であった細川護貞は一九四五年八月一八日の日記に「一般民心は強気にて、未だ戦ができたのに重臣のため、戦を止めたというごとき者多し」と国民の反発を心配している。

そもそも政府も、ポツダム宣言をもとに占領がどのように行われるのかまったく見当がついていなかった。東久邇宮総理や近衛文麿をはじめ閣僚たちは、天皇を頂点に置いた国体の護持が最も大事なことと考えており、そのためには進駐軍との衝突は極力避けねばならなかった。

†進駐軍への不安

政府は、軍隊の反乱と同様に国民の進駐軍への抵抗も不安視した。特に戦前戦中を通じて弾圧していた共産主義が社会の混乱の中で台頭し、革命に向かうことを懸念していた。従って進駐軍を静かに受け入れどう慰安するかは大きな課題であった。

マニラに行って日本側のポツダム宣言受諾と、それに伴う一般命令や連合軍の要求を聞いてきた河辺虎四郎中将一行が帰国した一九四五年八月二一日、東久邇宮総理や閣僚は河辺中将らからその報告を聞いた。

細川護貞は日記にこの報告の様子を書いているが、連合国側の反応については「日本の主権が天皇を包含し居ることは当然なり」という程度である。その一方で河辺中将が連合軍の軍紀について述べたことは、「彼らの軍紀は極めて厳正で、沖縄では強姦容疑の兵士が一〇年の刑をうけ服役中である。欧州上陸軍の行方不明者中、半数は強姦したため死刑になったもので、家族の不名誉を思い、行方不明としたものである。娯楽設備につき、フランス当局が米軍に申し出たところ、きっぱり断られた例があり、我がほうもそのようなことはすべきでない」ということ記している。

これは進駐軍が、占領国の国民にどんなことをするのかという閣僚たちの不安を表しており、報告を聞いていた近衛文麿をはじめ閣僚たちから、進駐軍が女性にどんなことをするのかという問いかけがあって答えたものであろう。細川が日記にこの部分を詳細に記しているのも、細川自身が進駐軍がどんな行動をするのか心配であったことを示している。しかし、河辺中将の説明を聞くよりも前に、すでに八月一八日に慰安所設置の通達が出されていたのであった。

後述するように、東久邇宮総理や近衛国務大臣が危惧していた通り、上陸した米兵の暴行事件や強盗事件は相次いだ。

細川は、九月三日に「米兵暴行事件あり、我兵が支那にて為せる暴行に較ぶれば、真に九牛の一毛なるも、その事実を知らざる者は、米兵のみを怨み、やがては彼らに危害を加ふるに到るべし」と日記に記している。このように中国で日本兵が行ったことに比べれば、占領米軍の女性への暴行事件は取るに足りない程度のものではないかとしている。

東久邇宮総理や近衛文麿と同様に、細川は、日本軍が中国で残虐な行為をしたことを知らない人たちが、怒りのあまり進駐軍と衝突に向かうことを恐れる気持ちを記している。

占領軍が占領地の女性に暴行を加えるのはごく当たり前のことであり、それを知らない庶民が過剰反応しないでほしいという思いが細川の日記には率直に記されている。と同時にこれは、中国で日本軍がいかに残虐な行為をしたのか、政府の中枢の人たちが知っていたことも示している。

「国体の護持」が細川にとっても最も大事なことであり、国体を護持するには進駐軍を静かに迎え入れ、国民の反感をできるだけ抑えねばならないということが第一に必要なことであった。その一つとして日本軍が中国をはじめ各地の戦地に設けた「慰安所」と同様に、進駐軍の「性」を受け止める場所を設けることは当然のこととされた。

天皇のポツダム宣言受諾の放送からわずか三日で、進駐軍用の慰安所の設置の通牒が出たことは、こうした政府中枢の人たちの進駐軍への不安が背景にあったといえる。

†誰が慰安所を作らせたのか

東京に進駐軍用の慰安所を作るよう指示をしたのは、当時の東久邇宮内閣の副総理格の近衛文麿と言われている。近衛が記していた近衛日記は戦災で敗戦前後を含め多くは失われたため、進駐軍への対応の思いはわからない。

近衛は太平洋戦争が始まる前の一九四一年一〇月まで三回にわたり総理大臣を務めており、日本軍が中国大陸や東南アジアで住民に行った残虐行為を聞き、進駐軍が敗戦国の国民に対しても行うであろうことを心配し、東久邇宮と同様の不安を抱いていた。

東久邇宮内閣発足と同時に、近衛は警視総監の坂に進駐軍用の慰安所の設置を頼んでいる。坂は、内務省の官僚で知事なども経験しており、近衛のもとでも働いたことがあった。帝都東京の警察トップとして、内務省保安局長と同等以上の力を持っていたともいわれている。

坂は『続内務省外史』の中で当時の様子を詳細に語っている。

東久邇さんは南京に入場されたときの日本の兵隊のしたことを覚えておられる。もちろん全部ではないでしょうが。それでアメリカにやられたら大変だろうなという頭はあっただろうと思います。

そうすると、どうしたらいいのかということで、やはり慰安施設が必要です。一応さばく所をこしらえて置こうじゃないかということが、内閣の方針として決まった。

それから内務省にまわってきた。はじめから内務省ではやるという方針は確立していなかったということです。それで近衛さんが、これは下のものにやってもらうわけにはいかんから警視総監にやってもらうと直接私を呼びました。
それで愛宕山に嵯峨野という料亭がありまして、そこのおやじを呼んで、こういうわけだからひとつ責任をもって君かかってくれんかといったのです。後は経済保安部長の池田清志君が、いくらでも応援するといった。
まず資金がいるという。四千万ほどいると。家を買ったり人を集めたりしなくちゃいかんから。一番金目なものは、向島の大倉別邸なんか買ったのです。そういった金が当時で四千万です。それで勧業銀行にいって、おれが保証するから四千万出せといった。すぐ承知してくれた。ところがみんな安く調達できて、大倉山なんか安く提供してくれて、一応整って、進駐軍をむかえるということになったのです。(中略)
(進駐した米軍の師団長が来てくれというので行くと)慰安施設について文句が出た。病気にかかってしょうがないと、みんな性病に。何とか処置してくれという。そんなこといったって君たちが東京を空襲してしまって顕微鏡も何もみんな焼けてしまっているから。それより治療医学というものを君の方で世話しろ、ペニシリンとかいうものがあって、非常によくきくという話じゃないか。だからそれを君のところで調達しろと。それで隊長が、それは自分のほうの管轄じゃないけれども、さっそく衛生部隊のほうにいって用意しましょうと。それでペニシリンというものがはじめて慰安施設に出た。

おかげで、東京でしろうとの女がおかされたという例はほとんどなかった。これは地方でも同じことだから、内閣からそういう問題が出て、警視庁はこうやったということで、全国に通知が出て、それで比較的、例外はあるでしょうが、犯されることは少なくなったのじゃないかと思っています。

坂の話しぶりには、進駐軍を相手にした言葉使いとは思えない表現があるが話の流れはわかる。

『続内務省外史』は一九八七年に旧内務省の出身者を中心とした親睦団体「大霞会」の年会報「大霞」の座談会などをまとめたものである。坂のこの話は一九六九年の灘尾弘吉の話入った座談会のものである。のちに衆議院議長になった灘尾弘吉もは、一九四五年八月一九日に内務次官を退官したが、この座談会で、内務省の慰安施設設置の指示について「私が次官として最後に判を押した書類です」と話している。

坂はそれ以前にも当時のことを語っており、雑誌『りべらる』一九五九年一一月号でも「特命慰安婦始末記」という対談で、

「近衛さんが非常に心配していて「手下に任せないで君自身でやってくれ」といわれ、業者に集まってもらい慰安婦の募集を頼んだ」、「そういうのをやるのに場所がない、場所を

そろえるのに借り上げ金、また病気の問題、なんだかんだでお金が入用です」、「私の方からの紹介状で、ある大銀行から三千万円ばかり借りたはずです」

と話している。この対談では坂に来てほしいといったのは米軍の師団長ではなく旅団長と坂は話している。坂はここでもペニシリンの話をしているが、口調は「大霞会」と同様に対等に渡り合ったような話し方になっている。

†設置は閣議決定だったのか

坂の話から当時副総理格であった近衛文麿が、東京に進駐軍用に慰安所を作るよう頼んだとみられる。坂は警視総監であったことから東京の慰安所設置に具体的に動いたことがわかる。坂が近衛に頼まれたということを否定する話は出てこない。

しかし内務省保安局長名で全国の知事にあてた進駐軍向け慰安所設置の通牒については坂の話からは出てこない。内務次官だった灘尾弘吉の「自分がおこなった最後の決裁」という話があるだけである。通牒を出した内務省保安局長の橋本政実は岐阜県知事や茨城県知事を努めた後一九四五年八月に保安局長になっているが、その年の一〇月に公職追放されている。橋本が通牒について語っているものを筆者は見つけられなかった。

後述するように一九四五年九月一一日の閣議で、「戦後再建ニ関スル緊急施策ニ関スル件」を決定している。これは各省に日本再建の緊急の施策を考え実行しその進捗の報告を求めたもので、内務省警保局は進駐軍用の慰安所設置状況を報告している。この例から見ても仮に閣議決定があったとしても、それは進駐軍への対応といった大まかなものであったであろうと考えられる。

山崎内相は八月一八日の閣議では、自ら内務省の治安取り締まり状況を報告したと述べ、その閣議では、「進駐軍上陸の措置は至急確立しなければならない」という発言や「証拠物、隠匿物資は将来禍根になるので、その措置も至急に整えねばならない」などという発言がなされたといっている。これは『続内務省外史』の前に出た一九七七年の『内務省外史』にある。

また坂の「やはり慰安施設が必要です。一応さばく所をこしらえて置こうじゃないかということが、内閣の方針として決まった。それから内務省にまわってきた。はじめから内務省ではやるという方針は確立していなかったということです」という言葉にみられるように、内務省内部ではなく上から降りてきたと推察される。

こうしたことから、八月一八日付の「進駐軍向けの慰安所設置」の通牒は、国体護持のため進駐軍と国民の対立を恐れた東久邇宮とその思いを受けた副総理格の近衛文麿が中心となり、警視総監の経験のある内務大臣の山崎巌らとともに相談し、指示したのではないかと考えるのが自然である。

通牒に「本件取り扱いに付いては極めて慎重を要するに付」と秘密裏に行うよう注意していることからも、のちに公になる可能性のある閣議のような正式な場所で具体的に決められたとは考えにくい。決めたとしても、おそらく山崎が述べているように「進駐軍上陸の措置」といったもので、あとは関係大臣が具体的なことを指示したのであろう。

一九五八年の『百億円の売春市場』という本や一九六一年の『みんなは知らない――国家売春命令』には八月二一日の閣議で決まったとあるが、通牒の日付などを踏まえると事実と異なると考えられる。

坂に慰安施設の設置を頼んだ近衛は、その後進駐軍から戦犯容疑者として逮捕が指示され、これを知った近衛は「戦争前には軟弱と侮られ、戦争中は和平運動者とののしられ、戦争が終われば犯罪者だと指弾される」と自らの運命を嘆き、一九四五年一二月一六日、ＧＨＱに出頭する日の早暁、自宅で服毒自殺した。

第二章

国が作った占領軍慰安所

一 RAAの結成

†警視庁から正式な指示

内務省警保局の通牒が出された直後に、警視庁保安課は疎開先の麻布の広尾小学校に東京料理飲食業組合の宮澤濱治郎組合長ら幹部を呼びだした。幹部たちは「組合員からも非難の声があった戦時中の物資の横流しを追及されるのか」、「敗戦で営業停止と言われるのか」と呼び出しの意図がわからず、戦々恐々としていた。

高乗釈得保安課長は、幾分青ざめた面持ちで、一方で命令するような、また一方で哀願するような語調で次のように話した。

近く進駐してくる連合国軍の将兵を慰安する施設を作ることを政府筋が決定した。ことがことだけに当局が表に出ることはまずい。政府は出来るだけ応援するからぜひ民間でやってもらいたい。

戦後には進駐軍の略奪や暴行はつきもの。どんな事態が起こるかわからない。四千万大和撫子の純潔を護る防波堤を作ることが必要だ。そのために芸娼妓、酌婦などの商売女をかり集め米兵の性の欲望を組織的に解決する慰安施設を作らねばならない。どうか力を貸してもらいたい。

この話は、まさに青天《せいてん》の霹靂《へきれき》であった。呼ばれた宮澤組合長らは「敗戦後のこのように乱れた治安を復興し、四千万大和撫子の純血を護るためには、是非とも必要だ」と直感し引き受けたという。もちろん自分たちの商売がこれで成り立つという安心感もあった。

東京料理飲食業組合は戦時中、食料品材料の統制配給をするために、警視庁が作らせたもので、料理飲食店はこの組合に入らないと配給が受けられなかった。

この日、広尾小学校にある警視庁保安課に赴いたのは、東京料理飲食業組合の宮澤組合長、渡辺政治総務部長の二人であった。

警視総監の坂から相談を受けた愛宕山の「嵯峨野」の主人、野本源治郎は東京料理飲食業組合の副会長をしていた。警視庁に呼び出された後、宮澤組合長は野本から警視総監の坂の依頼を聞き、さっそく関係する吉原の組合長や芸妓置屋組合などの幹部を集めどうするか協議した。

高級料理店や西洋料理店の経営者らは、最初は乗り気ではなかった。協議ではどんな料理を出すかという話も出てなかなか方向が決まらなかったが、とにかく女を集めることが「一番に必要なこと」で話はまとまり、八月二〇日に業者の代表が警視庁保安課に集まり自分たちの案を出した。

それは従来の接客婦だけでは数が足りないので近在からも女を集める。進駐軍専用とし、日本人の利用は認めないというものであった。

これは売春婦を表立って募集するというものだが、話を聞いた坂は即座にこれを認めたという。

そして八月二一日、東京料理飲食業組合、芸妓屋同盟会東京支部連合会、東京待合業組

合連合会、東京都貸座敷組合、東京接待業組合連合会、東京慰安所連合会、東京練技場組合連盟の七団体が集まり、警視庁から正式に「進駐軍将兵慰安施設を至急作るよう」に指示を受けた。

指示した警視庁保安課長も集まった代表も、いよいよ日本女性を人柱にせざるを得ないのかと悲壮な面持ちであった。

「建国三千年、未だかつてこの種の指示が出されたこともなく、また聞いたこともなかったことであった」と『R・A・A協會沿革史』には記されている。

こうしてRAA特殊慰安施設協会は、八月二三日に設立され、東京銀座の「幸楽」に事務所を構えた。

†RAAの業務

『R・A・A協會沿革史』の本論にある趣意書には、

「一億の純潔を護り以て国体護持の大精神に則り、先に当局の内命を受け、東京料理飲食業組合、東京待合業組合連合会、東京接待業組合連合会、全国芸妓屋同盟会東京支部連合会、東京都貸座敷組合、東京慰安所連合会、東京練技場組合連盟の所属組合員をもって特殊慰安施設協会を構成致し、関東地区駐屯部隊将士の慰安施設を完備するため計画を進めて参りました」

とある。つまり当局からの命令をもとに、日本女性の純潔を護り国体護持のため駐留軍部隊向けに慰安施設を設けていくと、その目的を示している。

目論見書には、RAAの事業内容が示され、その目的は、関東地区駐屯軍将校並びに一般兵士の慰安施設とある。

事業内容として一食堂部、二キャバレー部（カフェー・バー・ダンスホール）、三慰安部など七つの事業部門を記している。

このうち慰安部には、第一部として芸妓、第二部　娼妓、第三部　酌婦、第四部　ダンサー・女給が示され、合わせて五〇〇〇人と記されている。

他の事業部門には遊技部（ビリヤード、射的、ゴルフ、テニス）、芸能部（演芸、映画、音楽）、特殊施設部（温泉、ホテル、遊覧、魚猟）、物産部（販売）が上げられている。

当時、有名な遊郭《ゆうかく》街の吉原は一九四五年二回の空襲を受けながらも細ぼそながら店を開いており、軍需工場の近くにも慰安所はあった。しかしその数は少なく、慰安婦を田舎に帰したこともあり、数が極端に減っていた。

RAAの設立に当たり、RAAの幹部は警視庁の係員に「だいたい五〇〇〇人くらいの女を集める」といっていた。しかし、当時都内には六か所の「シマ」、つまり売春地区があったが、遊郭の娼妓である売春婦は三五六人と言われていた。実際の売春婦の数はこれより多かったであろうが、慰安婦を集めることは急務であった。

『R・A・A協會沿革史』の序論の発足の経緯には以下の記述がある。

各方面に施設の買収、従業員の募集、別に四散した特殊慰安面の女性の招集に全力を傾けた。集い来る女性の大部分は戦火のために家を焼かれ、衣類を失い、肉親と別れたいとしい女性であった。その容姿は必ずしも悪くはないが、その服装の何とみすぼらしい者の多い事よ、これらの女性を急速に慰安所に送り込み、衣類を整え、食事を給して、将兵慰安の実務につかせることにしたのである。

さてつらつら当時のことどもを回想するに、まずもって当協会の事業については、硬軟両様の批判が流布されていた。そのために、一般社会が当協会に対する感慨は必ずしも陽性のものばかりではなかった。

直前まで「一撃必殺」と命と引き換えの特攻攻撃の相手方だった米軍に、日本女性を性の対象として差し出すのは、敗戦を思い知らせることになるとともに反発感情を招き寄せたのは当然であった。銀座の「幸楽」にあった事務所に長い刀をもって乗りこむ元軍人もいた。何しろ最初に米軍が来る厚木基地では、徹底抗戦を掲げる一部の飛行兵が連日、基地を飛び立ち戦う意思を示していた。敗戦を苦に割腹自殺する兵士や将校もいて、不穏な空気に満ちていたときであった。

いきなり日本刀を抜き「仲間は玉砕したのに、こんな売国行為をするとはなんだ」、「天誅を加える」と怒鳴りまくることも一度や二度ではなかった。辻穣たち相談役は「国体護持のために挺身するのだ。進駐軍に媚びるためにやるのではない。滅私奉公の精神だ」と「国体護持」や「滅私奉公」という言葉を並べ、あくまでも国のためにやるのだと説得した。

『R・A・A協會沿革史』にも「かような怪しからん売国奴的事業をする責任者を出せ、天誅を加えてやるといきまいたことも二度や三度に止まらなかった」とある。

沿革史の序論の最後は「かかる動乱期ともいうべき困難な時期に、命を的に日夜その国家的使命に向かって、黙々と精進を続けた役員各位の努力は後世史家の特筆大書すべき事柄の一たることは疑われない厳然たる事実である」と締めくくられている。

†結成宣言

ＲＡＡ特殊慰安施設協会は八月二八日、幹部らが皇居前に集まり「特殊慰安施設協会設立宣誓式」を行った。参加したのは幹部・職員二二人に加え、来賓として関係する官庁の役人である。会長の宮澤濱治郎組合長が宣誓文を読み上げた。

『Ｒ・Ａ・Ａ協會沿革史』の声明書には「昭和二〇年九月」として次のように記され、宣誓文はそれに沿ったものとみられる。

命下り、戦後処理の国家的緊急施設の一端として、駐屯軍慰安の難事業を課せられる。命重く且大なり。しかも成功は難中の難たり。血気蒙昧の徒、我らが使命を汲む能わず、皮相の狭き見解に囚われて、誹謗迫害の挙に出ることなしとせず。然りといえども、我ら固より深く決するところあり。褒貶固より問うところにあらず。成敗自ら命あり。ただ同志結盟して信念の命ずるところに直往し、「昭和のお吉」幾千人かの人柱の上に、狂乱を阻む防波堤を築き、民族の純血を百年の彼方に護持培養すると共に、戦後社会秩序の根本に、見えざる地下の柱たらんとすそして最後に再び、国体護持のために行うことを強調している。

我らは断じて進駐軍に媚びるものに非ず、節を曲げ、心を売るものに非ず、止むべからざる儀禮を拂ひ、条約の一端の履行にも貢献し、社会の安寧に寄与し以て大にして之を言えば国体護持に挺身せんとするに他ならざることを重ねて直言し、以て声明となす。

昭和二〇年九月　特殊慰安施設協会

「命下り、戦後処理の国家的緊急施設の一端として、駐屯軍慰安の難事業を課せられる」冒頭にこの言葉を掲げることで、国の命令により駐屯軍慰安の仕事を任されたと慰安事業の正当性を述べ、これを売国奴と見る人たちもいるが自分たちの仕事は進駐軍を静かに迎え、社会の狂乱を阻む防波堤を築くものである、とその意義を説いている。

そしてここでは、天皇を頂きに置いた国家体制を護る「国体護持」のため、「鬼畜米英」「一億玉砕」の叫びから一転して、「人柱」、「防波堤」という言葉で、きのうまでの敵に性的奉仕をすることで今度は「国を護る」のだとした。自分たちの仕事は「国体護持に挺身」するためのものだと大義を主張している。

「人柱」、「防波堤」の上にあるのは国家であり、「お国のため」という考え方は敗戦によってすぐに変わるものではなかった。もちろん、これを機会に空襲で壊滅状態になった自分たちの仕事を再興しようというしたたかな思惑があったことは当然だが、それは国体護持の言葉に見事に言い替えられている。

ここに出てくる「昭和のお吉」の〝お吉〟は、江戸末期に米国の初代総領事になったハリスに仕えた女性・唐人お吉で、世間からは「洋娼」と冷たい目で見られ、その後は酒に溺れ自殺している。RAAが集めた慰安婦の将来そのものである。

✝公費の出どころ

RAAの資金はどこから出たのだろうか。RAAの目論見書には、指導委員会として、内務省、外務省、大蔵省、運輸省、東京都、警視庁等各関係係官をもって組織す、とある。

RAAの宮澤組合長ら幹部三人は、RAAの設立を指示した警視総監の坂に言われ、のちに総理大臣となる当時大蔵省主税局長の池田勇人に資金援助を依頼した。

池田主税局長は会うなり、単刀直入に「いくらかかるのか」と尋ねた。いきなり具体的な話が出て、協会の野本副理事長はテーブルの下で二〇〇〇万円と指二本を示したのを、大竹廣吉副理事長はあまりに多いと思ったのか二〇〇〇万円と要望した。

これに池田主税局長は、「二〇〇〇万円かね。そんな少額では到底足りまい。たとえ一億円かかっても、それで多くの女性の貞操が守られるのならば安いものだ」と快諾した。そして日本勧業銀行に口利きして九月六日に三〇〇〇万円が融資された。日本勧業銀行は日本勧業銀行法に基づき債券を売って政府の指導の下に融資していた。

『R・A・A協會沿革史』にはこの融資が出るまでの間の資金として「宮澤理事長は当座の間に合わせようとて、十数万円という血の出るような貴重な大金をぽんと投げ出された」とある。

ここからも最初の三〇〇〇万円がいかに巨額かが想像できるが、実際、一九四五年度の国の決算は二一五億円である。日本勧業銀行は、東京の一団体に対して国家決算の〇・一%強にあたる巨額の資金を融資したのである。そして翌一九四六年一月一〇日には二回目として三〇〇〇万円が追加融資されている。

占領軍向けの慰安施設の設置は、八月一八日に内務省警保局が全国の知事に命じている。東京のRAAのように、各県では警察と地元の遊郭関係の組合が一緒になって順次設置していった。

国や各県がそれらの団体にどの程度資金援助したのかは、東京のRAAを除けば不明である。しかし、警察が関与していることから直接的な融資はないにしろ、全国各地の慰安所設置に公費が使われたことは事実である。

†警視総監の自己正当化

近衛文麿から東京で進駐軍用慰安所の設置を頼まれた当時の警視総監の坂信弥は、内務省に入った後、富山県知事なども経験し、一九四四年七月に一度めの警視総監を務め、近衛とはそれ以前から面識があった。

坂自身も中国をはじめ日本軍の占領地で兵士が女性にどんなことをしていたのかは十分知っていたであろう。坂は「長い間女に接していない兵隊は、動物的要素を持っている。猛獣は檻に入れて飼い馴らす必要がある。客には、十分に望みを達せさせ、満足させて帰すのが礼儀というものだ」と占領下の日本を描いた『敗者の贈物』(一九七九年初刊、のちに『マッカーサーの二つの帽子』と改題)の著者ドウス昌代に述べている。

おそらく坂だけがそう思ったのではなく、当時の多くの指導層の考え方であったであろう。

坂は一九三六年の鹿児島県警察部長時代に、鹿屋の航空隊基地の隊長からたびたび要請のあった慰安所を、町長に掛け合って設置している。この経験をもとにしたとドウス昌代に語っている。

坂の言葉からは「慰安所を防波堤に良家の子女を護る」という考えのもと、仕組みを作ったが、その仕組みのもとで実際に働く人のことは「護るべき人」には入っていないことがわかる。

坂はその後、一九八六年に出版された『原色の戦後史』の大島幸夫の取材に次のように語っている。

「いまさらそんなことを何で聞くんかね。次元が低い問題だよ。本質的な問題じゃないし、将来の参考にもならんよ。あれ（RAA）はね、必要なものとして設けたんだ。

近衛は支那事変で日本兵が支那の女たちにやったことに覚えがあるから、ヤマトナデシコを救おうという気持ちで、坂ならやってくれると、総理官邸に私を呼んで頼んだんだ。

私はさっそく署長会議を開いて〝戦争に負けたといえども、アメリカ兵のために南京のことのようなことがあってはたまらんから、しっかりやってくれ〟と指示したわけだ。

それだけのことで、あれ（RAA）は国の運命を左右する問題でなしにアワツブみたいな問題に過ぎん。応募した女性をイケニエのように言う人がいるが、そんなのは火事場の野次馬論議であって、観念論だよ。他にどんな方法があったか、というんだ。あれはあれで日本女性の貞操の危機を救ったんだよ」

占領軍のための慰安施設を作ることに、当時もその後も坂は何の疑問も持たなかったのであろう。経験したことのない敗戦という事態の下で首都の治安を預かるものとしては、慰安に従事する女性は目的のための手段でしかなかった。

坂のこの「本質的な問題じゃないし、将来の参考にもならん」、「国の運命を左右する問題でなしにアワツブみたいな問題」、「応募した女性をイケニエのように言う人がいるが、そんなのは火事場の野次馬論議」という言葉は、取材者への反発感情もあるだろうが、一方で政策を実行した責任者の思いが素直にあらわれている。

「他にどんな方法があったか、というんだ」という言葉は、頼まれたとはいえ政策の責任者としての政策の正当化である。「日本女性の貞操の危機を救ったんだよ」とこの政策の結果を評価し、その結果から見れば、住むところも食べる物もなく仕方なく慰安婦になった女性は坂にとって「アワツブみたいな問題」と、同じ敗戦国の国民と見ることはなかった。

とりわけ「応募した女性をイケニエのように言う人がいるが、（中略）観念論だよ」としている点は、RAAの声明書に「幾千人かの人柱の上に、狂乱を阻む防波堤を築き」とあるように、「人柱」「防波堤」という当時の国民にしみついた本土決戦の感情に訴えて募集した事実や、生活苦から応募した女性が多かった実態を見ようとしない正当化である。大義のためには多少の犠牲は当然であり、都合の悪いことは見ないという姿勢があらわれている。坂は公職追放となったが、その後大商証券を立て直し社長になっている。

そうした坂の言葉は、今の社会でも立場ある人たちが仕組みだけを作り、その実情や結果を評価せず、検証しないケースが少なくないことと同じだ。言葉の言い替えによる「自己正当化」であり、己の行為を真摯に顧みることのできない人がよく使うものでもある。

二　女性集め

†「進駐軍慰安の大事業に参加する新日本女性の率先協力を求む」

RAA特殊慰安施設協会の広告は宣誓式の翌日、八月二九日に朝日新聞と読売報知に「職員事務員募集」として掲載された。「募集人員五〇名　外語学に通ずるもの及び雑役若干名」とあり「男女問わず高給優遇す」としている。この募集は、仕事の内容は一切書かれていないが、その後に出る「女子従業員募集」と違い、RAA本部の事務等に従事する人の募集である。

この前後と思われるがRAAが置かれた銀座七丁目の「幸楽」の前には、女性を募集する大看板が掲げられた。RAAについての多くの本や記事には、この看板の話が登場する。看板には、次のように書かれていた。

新日本女性に告ぐ
戦後処理の国家的緊急施設の一端として、進駐軍慰安の大事業に参加する新日本女性の率先協力を求む。
ダンサーおよび女事務員募集。年齢十八歳以上二十五歳まで。宿舎、被服、食糧全部支給

筆者はこの看板の写真を探したが、「幸楽」の店先の写真はあったものの見つけることはできなかった。「幸楽」の店先の写真には、特殊慰安施設協会事務所の文字とともに「募集芸妓五〇〇〇」やダンサー、女給の募集の貼紙のようなものがあるのがわかる。

また新聞には、先の広告に続き九月三日から毎日新聞や読売報知に女子従業員募集の広告が掲載された。

「急告　特別女子従業員募集　衣食住及高給支給　前借にも応ず　地方よりの応募者には旅費を支給す」というこの広告には、仕事の内容は書かれていない。

しかし、多くの人たちが雨露をしのげる場所に着の身着のまま食べるものもなく体を横たえていた時代である。家を失い食料を欠いた女性たちが、「衣食住及高給支給」の言葉

『昭和——二万日の記録』（写真提供　月刊沖縄社）よりRAA本部「幸楽」前

に釘付けになったことは容易に想像される。

彼女たちは次々と幸楽のRAA事務局にやってきた。

RAAの情報課長だった鏑木清一の『進駐軍慰安作戦』には次のように書かれている。


東京大空襲のため焼け野原と化した都民の多くは、住むに家なく、食うに食なく、着るに衣服なしの全くの衣食住に事欠き、当時としては宿舎、衣服、食糧支給の文字が眼をそばだたせた。

「凄いじゃないの、どんな仕事をするのかしら？」

「御飯がたべられるだけでもいいのに、着物までー」

「あたし踊れないからダンサーはダメだけ

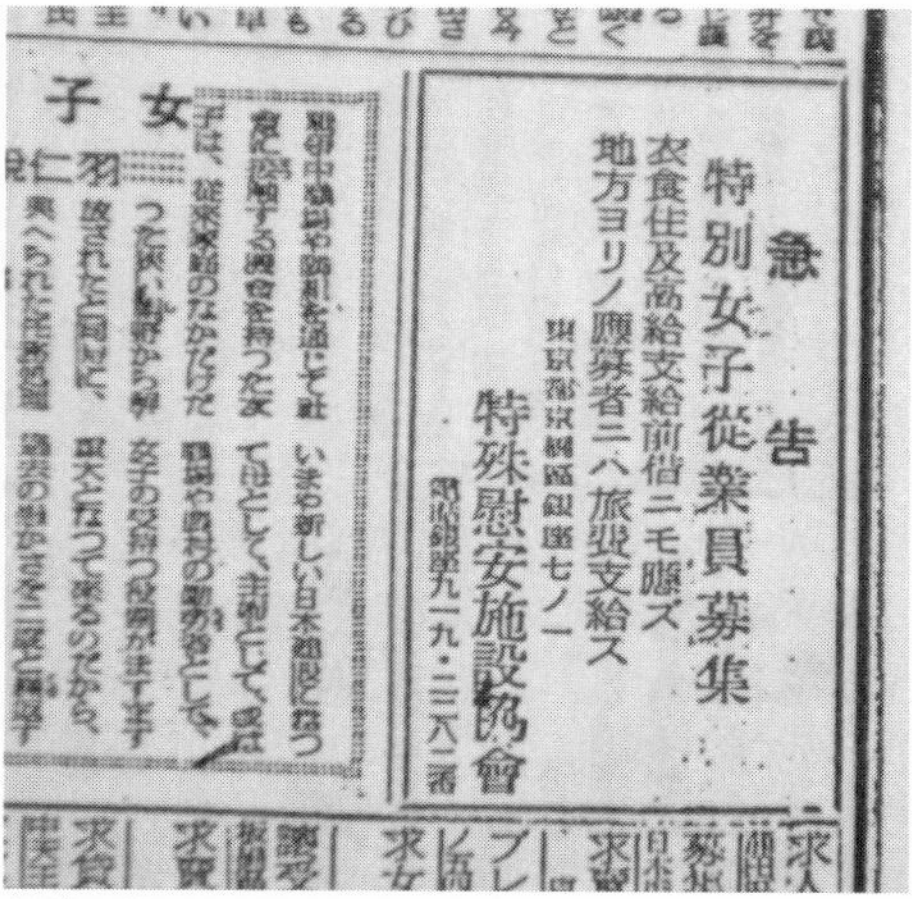
急告
特別女子従業員募集
衣食住及高給支給前借ニモ應ズ
地方ヨリノ應募者ニハ旅費支給ス
東京都京橋區銀座七ノ一
特殊慰安施設協會

新聞に載ったRAAの求人広告

ど、事務員なら出来るわ」

募集看板に見入る大ぜいの人々の中から若やいだ女の話声が聞こえる。

「チェッ！　いつの世でも女はいいなぁ、俺たち野郎にはお呼びはねえや！」

自嘲気味にすてぜりふを投げて人ごみを離れて行く男もある。

この好条件を見て、まさか慰安婦にされるとは露知らず、〝幸楽〟めざして足早に立ち去る女の顔は輝いていた。

また、RAAの情報課係長だった橋本嘉夫による『百億円の売春市場』はこの様子を次のように記している。

敗戦の衝撃でさすがに、国民をとりこにした一種の虚脱状態をみてとっていたのであろうか、「慰安婦募集」とは書かずに、「女事務員募集」と看板には書かれたことだった。

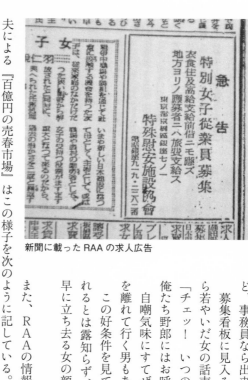

たしかに女事務員募集に応じて、人は寄ってきた。宿舎、被服、食糧全部支給としてあるのを見れば、裸のままで、ころがりこんでも、その日から心配ないわけである。二十人から三十人は、どんなに少なくても、幸楽の本部の事務室に列を作って待っている状態なのだ。一日平均で、三百人からの若い女性が本部の銓衡室につめかけてきた。

†治安のための道具

政府もこの方針を積極的に進めている。国立公文書館には次のような文書が残っている。「戦後再建ニ関スル緊急施策ニ関スル件」である。これは一九四五年九月一一日に閣議決定されたもので、将来に向けての施策を各省に立てさせ、その実行状況を報告するよう求めている。

これを受け内務省警保局行政警察課は九月二〇日に次頁の方針を示し、警保局長に了解され、内務省に上げられている。

これにあるように「連合軍ニ対スル慰安施設」については、これまでの取り締まりの基準にこだわることなく、積極的に指導し整備に努めることにし、すでに連合軍が進駐している地域では、この需要に応じるようにすすめていると報告している。

閣議決定では、この計画とそれについての報告を求めていることから、これらは内閣に

戦後再建ニ関スル緊急施策ニ関スル件
一、国民娯楽機関ノ復興ニ関スル件
　興行等ノ国民娯楽ニ就テハ戦後ニ於ケル国民ニ慰楽ノ嬉ヲシルノ機会ヲヨリ多ク与ヘ以テ健全明朗気概ノ培養ニ資シ新日本文化向上ニ寄与セシメムトノ方針ノ下ニ左ノ要領ニ基キ健全ナル映画、演劇演芸等ノ普及ノ方途ヲ講ズルモノトス
（中略）
二、高級享楽停止復活ニ関スル件
　待合、料理屋、芸妓屋等ノ施設
　高級享楽停止ニ関スル件（昭和一九、三、一内務次官発各地方長官宛）通牒ニ基キ営業停止中ノ待合、料理屋、芸妓、カフェー、バー等ノ復活ニ関シテハ物資ノ需給状況ト民心ノ趨向トヲ勘案シ之ヲ許容スルモ健全ナル社会生活ニ支障ナシト認メラルルニ至リタルトキ之ガ制限ヲ緩和致度モノト思料セラル
三、連合軍ニ対スル慰安施設
　本件ニ関シテハ一定ノ地区ヲ限定スルモ各種慰安施設ノ営業ニ就テハ従来ノ取締標準ニ拘泥スルコトナク積極的ニ指導整備ニ努メシムルコトトシ既ニ連合軍ノ進駐セル地域ニ於テハ之ガ需要ニ応ゼシメツツアリ
（昭和一八、八、一八警保局長名ヲ以テ各地方長官宛電報通牒）

注：末尾の（昭和一八）は昭和二十年の誤りではないかと思われる。

上げられているはずである。

閣議の「戦後再建ニ関スル緊急施策」に、内務省が進駐軍用の慰安施設を取り上げその進捗状況を報告していることから見ても、一九四五年八月一八日に全国に指示した進駐軍用の慰安所設置の通牒がいかに重視されていたかがわかる。まさに国策として慰安所整備を行っていたことが示されている。

進駐軍の「性」に慰安所をもって対応することは、上記の報告の以前の九月四日付で内務省保安課長が警視庁を含め各県警に出した「米兵の不法行為対策資料に関する件」にも見られる。

「米兵の不法行為対策資料に関する件」には千葉県館山でおきた米兵の強姦事件を紹介し婦女子強姦の予防方策を示している。そして婦女子の夜間外出を絶対禁止すること、留守番をするときには戸締りをしっかりするか男がいる場所に退避させることなどをあげている。さらにできれば婦女子には「貞操を守るためには死を決して抵抗し、やむを得ないときには相手に危害を加えても正当防衛として許されることを納得させること」としている。

ところがこれに続いて、「米兵慰安所を急設すること」とし、自衛のために慰安所は絶対に必要であり、表向きには慰安所を公認していない米軍の指導に対応できるよう、場所の変更が可能な移動式慰安所をなるべく多く工夫し用意することが大事であるとまで述べている。

このように一般の女性には「貞操を守るためには死を決して抵抗し」としながら、慰安所の設置が急務であるとし、慰安婦の女性と一般の女性は別で、慰安婦は治安のための道具とする考えが明らかであったことがわかる。

一九四五年一〇月三日の朝日新聞には「復活する享楽機関　帝都に飲食店、娯楽場など」の記事がある。この中で「貸座敷、売娼屋等　戦前都下に四〇余箇所、六五〇〇余名もおったものが現在は二三箇所一五〇〇余名にすぎず都民の利用は一五％以下である。これに対して当局では特殊慰安施設協会を稼働、その増強を図るとともに軍需会社関係の工員寮寄宿舎等に転用していたものを復活開業せしめるとともに、三業地を特殊指定地として開業させる。ただし三絃鳴物は当分許可しない」とある。

この記事の「当局では特殊慰安施設協会を稼働、その増強を図るとともに軍需会社関係の工員寮寄宿舎等に転用していたものを復活開業せしめる」とあるように、警察が主体となって売春施設の復活を進めていたことがわかる。しかしそれが主に進駐軍向けであることは書かれていない。

†政府のお金でやる会社

幸楽に集まったモンペ姿の女性たちは面接で初めて「新日本女性」が慰安婦と聞かされた。事務員かと思って来た女性は、事務員では宿舎、衣服、食料の支給はないと言われ、やむなく応じた。それは生き残った家族のために金が必要だった女性、寝る場所が欲しかった女性や仕事が欲しいという女性たちであった。

「アメリカの兵隊と親善のために交際する。お互い仲良くやる仕事」などと説得され、「お国のためになる仕事。恥じることもありません」と自分を納得させる人もいたという。

断るものもいたが、食べ物のため、残された家族のためにうつむきながらも手続きを終えて控室に行く人も多かったという。

一七歳でＲＡＡの慰安婦となった経験を、一九五七年に『女の防波堤』として出版した田中貴美子は次のように記している。偶然看板を見て、世話になっていた友人と二人で貴美子は、店に入った。

店の中は大変な人で、出入り口にはたくさんの靴や、女の下駄だの足の踏み場もないほどです。見ると粋な芸者風の女、カフェーの女給さんみたいな女、色とりどりの女の人が出入りしています。

「どうせ私だって男にだまされた、もう汚れたからだ、私にだって出来ない仕事じゃない。それに衣食住に心配ないだけでも、今の私にとっては何よりの仕事です。

（中略）

受付の事務の人の前に座ると、本籍と現住所、姓名と年齢、学歴、職業の有無、家族などを聞いて、書類にどんどん書き入れていましたが、私の顔を見て「あなたは未婚ですね。結婚はまだでしょう」と聞かれましたので、私は「ええ、未婚です」と答えました。

「ふうん。あなたはこの会社の仕事を承知でいらっしゃったんですね。あなたにできますか」

中年のその受付のおじさんは、さも痛々しそうな顔で私を眺めました。

「ええ出来ます。覚悟してきました」私は急に悲しくなって涙声で答えました。

「そうですか。まあそれならいいんですが。ではあちらで待ってて下さい」

私は立ち上がりながら聞きました。「あのう、使っていただけるんでしょうか」

「ええ、もちろん採用ですよ」

（中略）

そのうちに夕食として、折詰のお弁当が配られて来ました。いま時とても普通ではたべられない白いご飯に焼魚と玉子焼きなど這入った豪華なお弁当でした。

なんでも政府のお金でやる会社だから、こんな贅沢なんだ、と年増の女の人が話しています。食事をしながらおしゃべりする人たちの話で、この特殊慰安施設協会という団体のおしごとがだいたいわかりました。

(中略)

会社の幹部の人々の挨拶がありました。理事長の宮沢浜治郎さんは「敗戦という、かつて知らない事態に直面したわれわれは、このたび当局の呼びかけに応じて、特殊慰安施設協会、すなわちR・A・Aを設立し、連合軍の進駐に対して、日本の女性の貞操を護るために、全力をあげております。幸いに皆さんのご協力を得て、この重大な使命を果たしたいと思っております。われわれのこの使命達成のために、進んで応募して下さった皆さんも、いわゆる昭和のお吉、その身を犠牲として相当の覚悟を持ってお集まり下さったことと思います。みなさんのこの犠牲的精神に対して厚くお礼を申し上げます。

この日本の危機を突破するために、さらに覚悟を新たにして、私たちが日本女性の防波堤になるのだというお考えを持って、この困難にうちかって頂きたいと思います」

切々と語る理事長の言葉に、あれほどざわめいていた部屋も、シュンとして一同みな顔を伏せて聞いています。

これは、とんでもないところへ入って来てしまった、深刻に胸迫る気持ちでした。

ＲＡＡの情報課長だった鏑木清一は、「新規応募者は素人が大部分であるがゆえに、既成の熟練した職業売春婦を一人でも多く集めることに狂奔したのであった」としている。娼婦は戦争末期一万三〇〇〇人程度で多くは疎開し、秋田、新潟、金沢、札幌に集中し、東京、横浜、大阪にはわずかしか残っていなかった。

ＲＡＡは「お国のため」という大義名分を掲げて地方に離散した娼婦を集め、占領軍が進駐してくる八月二八日までに開店できるように一応体制を整えた。

三　慰安所の開設

†小町園の開業

ＲＡＡが最初に開いた慰安施設が、京浜電車の大森海岸駅から二分ほどのところにあった「小町園」である。

米軍の先遣隊は八月二八日に神奈川県の厚木基地に到着することになっており、東京に向かう途中の京浜道路沿いの場所が選ばれた。

大森海岸には、花街と呼ばれた待合や芸妓屋が軒を並べた一帯があり、戦争中は軍需工場に駆り出された挺身隊の寮に使われていた。遠浅の海岸で海水浴場であり、ノリの養殖も盛んであった。今の平和島一丁目、平和島競艇場のあたりには戦争中、米軍や英軍ら様々な国籍の捕虜たちを集めた捕虜収容所があった。

小町園はその花街に続く料亭の一つであった。所有者は慰安所と聞いて貸すのを嫌がったが、警視庁があっせんし、RAAが借り上げたという。

一〇畳、二〇畳の部屋を小部屋にする余裕もなく、畳敷きの大部屋を布や屏風で仕切っただけで「割部屋」と呼ばれた。

八月二六日に、小町園には三〇人ほどの女性が送り込まれた。彼女たちを乗せたトラックが本部を出発するとき、幹部たちは思わず「万歳」と叫んだという。

†RAAの特別待遇

一九五六年三月一〇日の『内外タイムス』には、連載していた戦後売春史のRAAの項を終えるにあたり、RAAの関係者の座談会の記事が載っている。

一人は「開店する前日、幸楽に三十人ばかりの女を集めた。というのは、ダンサー、女給、芸者という名目で募集した連中だから、明晩から開業する慰安所での仕事は、実は

〝肉体サービス〟であることを納得させなければならなかったのだ。二階に三つテーブルを置いて、一人一人呼んで、説明をはじめた。驚いたねえ。「いやだわ」と反対する女はほとんどなかった。その夜のうちに女たちはトラックにのせられて出発していった。ボクはその出発を見送ったが、ひとりでに涙が出ましたよ。可愛い年頃の娘たちが「人身御供」にあがるのかと思って……」。

別の一人は「年齢的には一八、九歳から二五、六歳までの乙女たちだった。出発の時はたしか万歳を叫んだっけ」

開業時の様子について一人は、「ジープでどっとやってきた。沖縄から横浜にやってきた第八軍じゃなかったかな。みんな相当〝たまっていた〟とみえて、ジープが着くと同時にトキの声をあげて〝突撃〟してきた」

さらに別の一人は「人に見られようといっこうおかまいなしだったね。可哀想なのは女でしたよ。それこそアラシに見舞われた小舟のようにみんなクタクタだった」

RAAの力について一人は「政府と同じくらいの権限があった。その権限でつぎつぎと家を買い取ったりして開店していった。軍が隠匿したガソリンなんかもたくさん入手した。月島に倉庫を借りてドラム缶が山のように積まれたくらいだった」

別の一人も「RAAの証明があれば何でも買えた。食糧でも衣類でもね。女に着せる着物、銘仙だったが三越と白木屋から買っていた」と語っている。

彼女たちにはメリンスの長じゅばん一枚、肌着と腰巻二枚が支給された。他にセルロイドの洗面器、石鹼、歯ブラシ、歯磨き粉、タオルに手ぬぐいが東京都から特別に配給されたという。


小町園の開業は『R・A・A協會沿革史』によれば八月二七日とある。

しかしRAAの情報課長であった鏑木清一は結成式のあった八月二八日としている。厚木基地に米軍の先遣隊が到着したのは二八日であった。

ドウス昌代は『敗者の贈物』で八月二八日に大森の捕虜収容所から海兵隊員が重体の米兵を救出しており、小町園に客が入ったのは早くとも二九日と思われるとしている。

このように小町園に米兵が来た初日ははっきりしないが、進駐軍用の慰安所設置の通牒が出て一〇日ほどで娼婦を集め施設を確保し様々な準備がなされたということである。

慰安所の料金は、三〇分のショートタイムは三〇円で、協会側と女性の折半であった。これはそれまでの吉原や玉の井などの娼館よりは割が良く、娼婦の経験者は喜んだという。ショートタイムにしたのは、ただ数をこなすためだった。一人が終わると洗浄する間もなく次の兵士が入り込み、一日で二〇〜三〇人を相手するのはざらであった。料金は間もなくショートタイム一〇〇円になった。

いずれにしろ多くの米兵が小町園に押し寄せたのは事実で、『R・A・A協會沿革史』やRAA情報課長の鏑木清一の『進駐軍慰安作戦』、『ダイヤモンド』一九五二年五月号の警視庁係長大竹豊後「肉体の防波堤」、『りべらる』一九五四年一一月号の糸井しげ子「日本娘の防波堤」などでの米兵がきた初日の描写は、どれも似たように述べられている。それらをまとめて再現すると次のような様子だったろう。

†押し寄せる米兵

どこから聞いてきたかはわからないが、小町園の前の京浜国道には大勢の米兵が集まり口々に早く開けろと叫んでいた。大部屋をカーテンだけで仕切った割部屋にはカーテンに番号が書かれ、玄関で番号札を渡す仕組みにしていた。

米軍の憲兵（MP）までが出動し、順番の列を作らせていたが、番号札をよこせと叫ぶ兵士が多く、RAA協会が用意した通訳もあまり役には立たなかった。しかも番号札を受け取り、中に入った兵士たちは、日本住宅を知らず、靴のまま上がり込み、障子やふすまをドアと勘違いし押して外してしまったり、蹴破って入るほどであった。中には女中の案内役を芸者と勘違いしていきなり抱き付いたり、着物に手を入れようとする兵士もいて、入口や廊下は大混乱していた。男の事務員はそれまでの敵兵から睨みつけられ、英語もわからず小さくなっていた。

小町園に最初に送り込まれた女性たちは娼妓の経験者がほとんどであったが、初めてみる大柄な黒人兵や白人兵に恐れおののき、柱にしがみついたり逃げ惑ったりした人もいた。しかし女性に飢えた兵士たちは構わず割部屋に抱え込んだ。

いくら娼妓の経験があったとはいえ、一人を終え洗浄室から戻ると裸になった次の男が待っているという状態で、休む間もなく次々にやってくる身体の大きな米兵に慰安婦の女性たちは疲れ切り、苦しそうに息をはき身体を横たえているだけであった。まさに性の処理道具であった。

小町園の女中だったという糸井しげ子は「小町園の柱の一つ一つ、壁の一面には、日本娘の貞操のしぶきが、流した血の跡がしみついているはずなのです」と思いを語ると同時に、「戦前の落ち着いた奥ゆかしい小町園を知っている方に、終戦当時にあの悪夢のような姿を想像していただけるでしょうか」と、一九五四年時点で、一般の人たちには進駐軍向けの慰安所があったこと、それがどんな様子だったのか、知られていないのではないかという気持ちを表している。

ＲＡＡ情報課長の鏑木清一は職業的娼婦を集めたとしているが、開店時は別として、幸楽前の大看板や新聞広告を見てやってきた多くの未経験者がいたことは事実である。

第三章　「特別女子従業員」の仕事

一　昭和の〝唐人お吉〟

†自殺した元タイピスト

いくつかの本や雑誌記事に出てくる女性の話がある。

丸の内で働いていた一九歳の元タイピストである。女性はＲＡＡに事務員として応募してきたが、説得されて慰安婦になることを承諾した。「悟空林」に配属され、具体的な話を聞いている間じっと体をこわばらせ顔を伏せていたという。世話したおばさんは「処女なら無理もない。すぐ慣れるだろう」と思ったという。

開店初日の八月三〇日、朝から米兵が歓声を上げて店に押し寄せてきた。一人の兵隊が「ナンバーセブン、ノーガール」とどなっていた。手分けして探すと布団部屋の隅で彼女がなきじゃくっていた。「おばさん堪忍して、怖くて恐ろしくて」と泣いて話すので、夕方まで休ませることにした。

しかしその日も終わりというとき、兵士たちでごったがえす廊下で大きな黒人兵が「ナンバーセブン、グッド」と笑顔で叫びながら出て行った。

彼女の割部屋の布をめくると、乱れたシーツと血が見えるだけで彼女の姿はなかった。店中大騒ぎで探したものの彼女はみつからなかった。

翌日大森警察署に問い合わせると、京浜電車に飛び込み自殺した娘がいるという。現場に駆け付けると、菰《こも》をかぶせられたそのナンバーセブンの女性が横たわっていた。

この女性だけではない。慰安所の仕事のあまりの凄さに逃げ出す女性や、精神に異常をきたす女性もいた。

この女性の話は『りべらる』の糸井やＲＡＡの鏑木清一の文章、一九七八年発行の『東京闇市興亡史』（猪野健治編）など、当時のことを描いた本には悲劇の例として必ずと言っていいほど出てくる。

この自殺した元タイピストの女性の勤務先は「悟空林」とも「小町園」とも言われているが、開業日からみて「悟空林」ではないかとおもわれる。

小町園や悟空林、楽々、見晴などの慰安所があった京浜急行大森海岸駅のあたりは、今はビルやマンションが立ち並び、当時を思い浮かべられるものも、気配も残っていない。

†「特殊慰安施設協会」世話役の説明

ＲＡＡの慰安所の様子が具体的に描かれた最初のものは、一九四五年一一月の『新生活』創刊号だろう。「敗戦考現学　第一課」という奇妙なタイトルでＲＡＡの慰安所のことが出てくる。冒頭に以下のように記されている。

戦いは終わった！　白昼の街頭に麗々しく掲げられた看板は「昭和のお吉」の募集看板だった。いわく「特殊慰安施設協会」

続いて、女性の体験談が掲載されている。

慰安所で働いて半月の女性は、

「東京では一〇〇〇人の応募者があり、九割が芸妓や娼婦等の経験者だったが、戦地で夫を失った人もいて複雑な気持ちになった。その人はもう決心して、泣いたりする様子はみじんもなく一種の気高ささえ感じられた。私はお吉のような志士的行動のみを追ってもいなければ、ナイチンゲールのような博愛的情熱に囚われているわけでもない。無知な放心状態で、動物的生活的本能に動かされているのでもない。そのくせ女の犠牲という言葉に不思議な魅力を感じている」

と複雑な心情を語っている。

また別の女性も、こう事情を述べた。

「今どきのインフレに女一人が子供を抱えて三〇〇や四〇〇でやっていけますかってんだ。ここへ来る人はみんな借金のある人ばかりと言っていい。ちゃんと四分六分の割合で働けば働くほど収入が入る。インフレ成金のおいぼれなんかのお妾になるのと違ってよう。そうでしょう。わかってわかってください……」

『女の防波堤』を著した田中貴美子が小町園に行くことになったときは次のような様子だった。

松造りの豪華な建物に感激し、一緒にいたみんなも上機嫌で、「こんなうちに住めるなら少しぐらいつらくても辛抱するわ」と言っていた。

アメリカにもいた世話役のおばさんに、米兵を迎えるやり方をいろいろ説明された。彼女は、アメリカの生活に慣れた人らしく、アメリカ兵は生きるか死ぬかの戦争をしてきた人たちで、長い間女の身体に飢えている上、肉食人種の性欲は激しいので、微笑みを絶やさず優しくサービスすること、チップをはずむ者もいるので微笑みは忘れないことを強調した。

最後に、その世話役のおばさんは処女の人は手をあげるように言い、数十人のうち六、七人が手をあげると、おばさんの「教えますから」の言葉に、海千山千の女たちがどっと笑い崩れたという。

MPや軍医が消毒にうるさいらしく、女たちは消毒の器械や手洗いの設備の説明を受け、熱帯の病毒を持っているものもいるから自分の身は自分で守るよう念を押された。

しかし、そののちに田中が体験したことは、世話役のおばさんに聞いた話から想像したものをはるかに超える生活であった。

田中はその本のあとがきで、「半官半民、公認の売春会社R・A・Aの女となって、「昭和の唐人お吉」という美名のもとに、躍らされた私たちに、その後これという救いもなく、あるのはただ転落の一途のみでございました」と記している。

†新日本女性が担った〝大事業〟の内実

『潮』の一九七二年六月特大号には「進駐軍慰安の大事業を担う新日本女性求む」と題して占領軍慰安にかかわった女性たちの話を載せている。五人の話の概要を記す。

〔RAA慰安所「見晴」の慰安女性〕

三月一〇日の大空襲で他の家族は全員死亡し、ただ一人生き残った。防空壕だけが残り一人では不安なので両親と親しかった知人の男の人に頼み、一緒に壕で生活を始めた。ある夜、寝ているところをその男に強姦された。いくあてもなくふらふらしているうちに、銀座でRAAの立て看板を見た。戸惑いながらも「どうせ汚れてしまったからだ。衣食住の心配がないだけましだ」と慰安婦になった。

「開店の朝、京浜国道の幅広い道は、アメリカの兵隊で、黒山のような波が襲ってくるようでした。恐怖におびえるまもなく、兵隊が入ってくるなり私を抱くとしびれるほど唇を吸う。そして無我夢中の一瞬が過ぎると、男は再びキスして出ていく。呆然としていると、入れ替わりに次の兵隊がくる。急いで消毒室に駆け込む。さらに送り込まれる男を次から次へと抱いては送り、送っては抱き、相手に対する好意の感情などわく余裕もなく時が過ぎていく……。

午後になり店を閉め遅い昼食をとったときはからだじゅうが痛くて、おなかがひどく疼く。あとで聞くと二三人もの相手をしていました。一か月もするとお金のためとはいえ、つくづくこの稼業が嫌になりＲＡＡをやめました。

あまりに数多くの男に汚された私のからだでは、まともな仕事などできません。あとは深い深いドロ沼へと……。ＧＨＱ、海上ビル、明治ビル界隈で夜の女。アヘン中毒にもなりました。パンパン狩りにあい、警察のお世話になったこともあります」

〔空襲で親兄弟を失った女性〕

知人が「観光事務員の大募集をしている」という話を聞き込んできた。高額な給料、豊富な食糧が約束されている。がつがつした気持ちで応募に行くと、応募者は列をなして群がっていた。採用可。数十人の女性たちに支配人から意外な言葉が述べられた。「きみたちは特別挺身隊なのです。お国のため、日本の歴史のために働く誇りある女性です」と。その内容は驚くべきもので米軍兵隊のために特別設置された慰安所で慰安婦をつとめろという。「慰安婦」この言葉に全身から血のひく思いだった。知人の顔もひきつっていた。二人で逃げようと夜、機会を狙ったがいたるところに武装した黒人兵が仁王立ちになっていて逃げることはかなわなかった。

「観光事業とは真っ赤な嘘で、完全に仕組まれたワナだった。支配人の甘言にのせられ、私たちがバカだったのだ。舌をかみ切る勇気もなかった二人は仕方なく命令に従わされてしまったのである。

連れていかれた部屋のベッドには薄い毛布が一枚あるだけ。シミーズの私が気も狂わんばかりになっていると、男が来た。ニヤニヤしながらトビラにもたれかかりズボンを脱ぎ始める……。何か叫ぼうとしたが、恐怖で声にならない。たちまち男に組み伏せられた私は激痛とともに気を失ってしまった。ふと気が付くと眼前には別な顔が上下していた。すでに抵抗する気持ちもない、なすがままである」

〔母の死に目にもあえず〕

父を栄養失調で亡くし、母が結核で療養し弟を含め一家を支えねばならなくなった女性。大阪から一九四六年の春に弟と上京し、父の知人を頼りに立川に来たものの知人の居場所がわからない。駅の近くでうろうろしていると見知らぬ男に仕事を探しているのかと声を掛けられ、すぐにも働き始めたかった女性は、男の誘いに乗り、連れていかれたのが、国がやっているという慰安所だった。

「国がやっているというふれこみでも、業者が雇ったヤクザが監視していては逃げ出すこともできない。観念した私は、その夜から外人相手専門の慰安婦になってしまいました。

母に命を少しでも長らえてもらうために、どうしてもお金が欲しかったことも、あきらめた原因の一つでした。

弟もやはり、私を慰安所に連れてきた男に、どこかに売りとばされたようでした。

一日に二〇人から三〇人の兵隊の相手をしたために、微熱と痛さが出る。それに食事ものどを通らず夜も眠れない毎日でした。食事といってもおしんことお茶漬けだけ」

女性は、あがりの半分はくれるという約束をよそに、三分の二はピンハネされたが、それでも手に入る金はすべて大阪の母に送金していた。

「立川時代の一年は、まるで地獄でした。「ハハシス」の電報を受け取った夜も、泣いて頼んでも帰してもらえない。枕をぐっしょり涙でぬらしつつ、一晩中、客の相手をしていた私です」

〔地に落ちた大和撫子〕

広島県警から「遊女は一般女子を守るための防波堤になってくれ」と依頼してきたほどで、警察官がよくまあ「ねえさんや、女のコを数人貸してくれんかね」「白人さんを、よろしくお願いします」なんていうてアタマさげてきよりました。

ウチらの女性は、九州や四国の半農半漁の貧しい家の娘が売られてきましたが、言うことをよく聞くけん、むごい仕打ちにあったものは一人もおらず、みんなチョコレートやビスケットなどをもらって喜んでいました。一般家庭の婦女子を守るために、女郎は貢献したもんですよ。

〔家の前にジープが四〇台〕

ある女性が知人に紹介されたダンスホールは、豪華な三階建てのホテルにあった。彼女は外国人とのふれあいの多い環境に育ったので、多少の英語を話すことができた。この店でダンサーとして一生懸命やろうと覚悟を新たにしながら店に勤め始めた。

個室が与えられ、広い部屋にはダブルベッドやテーブルがおかれ、彼女はすっかり豪華さに酔っていた。

「ある夜のこと、寝ていて胸のあたりがへんに息苦しいので目を覚ますと、眼をギラギラさせて迫ってくる顔があった。逃げようとしたがシーツに足を取られ転倒してしまった。観念して眼を閉じた私の耳元で、外人が「ワタシ、カネヲハラッタネ。アナタ、ワタシトネル」とささやくのだ。そのひとことで、私は外人専門の淫売ホテルの女にさせられていたことを知ったのだ」。彼女はこう話している。

彼女は色々な淫売ホテルを転々とし、「惚れた男と結婚しよう」と一度はゆめみたが、結局「外人相手の商売のアジがしみついた私のからだでは、元のさやに戻るしかなかった」

そして一晩一〇人もの「まわし」をとる日が続く。彼女の借りた家の前にはジープが四〇台並んだこともあったという。また仙台の米軍の倉庫で数十人を迎えたこともあった。

「いずれにしても私のからだは外国の男たちによって女にされたのだ。外人の男の腕に抱かれてこの世を去りたい……」

†続々と設置されたRAAの施設

小町園に続き隣の楽々をはじめ大森や大井には、悟空林、やなぎ、見晴、波満川、花月、蜂乃喜、乙女、清楽、日の家といった慰安施設ができた。また九月はじめに占領軍が入った多摩地区には福生、調布園、楽々ハウス、ニューキャッスルなどが開設された。

このほかに千疋屋やオアシス、エデンなどのキャバレーや、将校向けの迎賓館大倉別邸など都内各所に慰安施設が作られた。

また熱海にもRAAの施設が開かれた。

RAAの施設が全体でどれだけあったのかは、『R・A・A協會沿革史』やRAA情報課長の鏑木清一の『進駐軍慰安作戦』、小林大治郎と村瀬明による『みんなは知らない——国家売春命令』など資料によって違いがある。

警視庁保安課の資料を基にしたという『みんなは知らない——国家売春命令』の一部を

各地に設置されたRAAの施設

銀座・丸の内	オアシス・オブ・ギンザ／銀座パレス／千疋屋／伊東屋／緑々館／工業クラブ／ボルドー／銀座耕一路／日勝館
品川	京浜デパート（パラマウント）
小石川	白山キャバレー
芝浦	東港園
向島	大倉別邸
板橋	成増慰安所
赤羽	子僧閣（赤羽会館）
大井・大森	小町園／見晴／やなぎ／波満川／悟空林／乙女／楽々／花月／仙楽／松浅／沢田屋／福久良
三多摩地区	調布園／福生／ニューキャッスル／楽々ハウス／立川パラダイス／立川小町

紹介する。

このうち、大倉別邸は、明治時代に大倉財閥の創始者が別荘として建てたもので、三〇三〇坪の敷地に石垣塀檜の門の純和風の大庭園の中の豪邸だった。伊藤博文や渋沢栄一ら明治の政治家が頻繁に会合に使い、総檜造りで釘は一本も使わず、大唐紙に一流画家の絵が描かれていた。食堂は英国風に作られ、装飾品も贅をつくし部屋ごとに趣が異なるようにしていた。大倉別邸は、高級将校の接待用に、一流料理人が腕を振るい、すべて招待であり、金はいっさい取らなかった。政府の役人と米側との非公式交渉の場にもなっていた。

RAAはこのほか熱海に、富士屋ホテル、玉ノ井別館、大湯などを開設していた。さらに慰安所として世田谷の若林には将校用のRAAクラブがあり、美人のダンサーや新橋、赤坂の芸者がその都度呼ばれていた。こちらはもともとは財界の富豪の邸宅で、スペイン風の優雅な建物として知られていた。将校に限らず、米国の経済人や政治家や役人が視察と称して訪れ、女性に高額の心付けを渡していた。

『みんなは知らない──国家売春命令』には、右の表の他に都内に二五か所の慰安所・接待所があったとその一覧が表示されている。その中に新小岩慰安所がある。米紙記者のマーク・ゲインに「世界最大の妓楼以上のものである」といわしめたインタナショナルハウスがこれにあたると考えられる。精工舎の工員宿舎五棟を進駐軍用慰安所にしたもので、本によっては東京パレスと呼ばれている。

なにしろ国が支援している施設である。『潮』一九七三年八月号には、開業直後の元RAA営業所長だった六三歳の男性の話が載っている。

「RAAの仕事は国家の肝いりですから、私は国から給料をもらっているような身分でした。基本給一一〇〇円、手当一一〇〇円の計二二〇〇円というのは当時としてはそうとうな高給取りでしたろう。

それに食事の方は、米兵からの土産もあったし、なにしろ警視庁から食券が来ていましたから。こういう仕事をする女性はからだが資本ですから食糧だけは不安のないよう色々苦心しました」

また慰安婦紹介者だった男性は次のように話している。

「占領下の蒲田、大森で、強盗、強姦事件が頻繁に起きたのも慰安所と関係ありますね。タバコや洋服をもってきて「金にかえてくれ」と言ってくる奴が多かったし、それもないヤツは強盗をしてまで女を抱く金を得ようとする。慰安所にはGIが行列をなしている。あぶれちゃう奴が出るんですよ。そうなると女と見ると襲いかかるのです。

(中略)大森海岸へ行く真暗な道で女の人の悲鳴を聞いたことがあります。たぶん素人の人でしょうが強姦されていたんです。私は一目散に逃げましたよ。だってアメちゃんは刃物を持っていましたからね」

米兵のうちの無法者には手の出しようがなかった当時の様子をこのように語っている。

二　甘言、泣き落とし、ウソ、連れ去り

†日本人は立ち入り禁止

東京を中心に展開していたRAAとは別に、大阪、京都、名古屋をはじめ全国各地でも、警察が主導したり、業者が中心となったりして占領軍向けの慰安施設が作られた。これらの慰安施設は日本人の立ち入りは禁止されていた。

占領軍が厚木基地や横須賀に上陸した神奈川県では、敗戦直後の八月一六日に知事が女子職員に三か月分の給与を与えて解雇し、疎開するよう要請した。同日横浜市もこれにならい同様の措置を取った。

『横浜市史Ⅱ』によると、神奈川県知事は八月二二日に警察署長会議を開き、「民心動揺防止」策を指示し、回覧板二〇万枚を作りその日のうちに配布することにした。

回覧板は、「外国の軍人に対し個人が直接接触することは努めて避けること」「各町会、部落会では万一の場合を考えて英語のわかる男子を活用すること」「濫りに住居を逃げ出すようなことは絶対しないこと」「問題が起きたら直ちに詳細を官憲に届け出ること」などと書かれている。

特に女性には「日本婦人としての自覚をもって濫りに外国軍人に隙を見せぬこと」「外国軍人から声をかけられても婦女子は相手にならずに避けること」「外国軍駐屯地付近に

大阪の街頭に掲げられた「ダンサー急募！」の大看板（1945年11月15日、米国国立公文書館所蔵）

住む婦女子は夜間はもちろん、昼間でも人通りの少ない場所を一人歩きをしてはならぬ」など、占領軍に対する注意と警戒を呼びかけるものだった。

内務省の占領軍慰安施設設置の指示を受け、神奈川県知事も、米兵の略奪暴行に対して「これを封じるためには各所に慰安施設土産物販売店の設置を急速に実施してほしい」と警察署長会議でその意向を伝えている。

先に記した一九四五年八月三〇日の朝日新聞の記事「進駐軍の慰安施設」にはこのことが書かれている。

『神奈川県警察史　下巻』には、「長い中国との戦いを通じて勝利者がその占領地区でどのような行動をとるものであるかは、自らの体験として十分心得ていた。治安当局や行政官庁が市民の外出を禁止し、特に婦女子の保護措置について頭を悩ませ、命令を発したりしたのもそのためである」とある。

†警察が主導した横浜

内務省警保局の慰安施設設置の連絡を受け、横浜では警察部長らが進駐軍の将兵に女性を提供する工作と慰安所設営を真剣に進めた。慰安所の設置で苦労したのは建物の確保であった。横浜の市街地は中心部や臨海部を中心に一一回もの空襲や攻撃で焼けていた。慰安女性を集めるため、警官が田舎に出かけ元娼婦八〇人をかき集め、横浜市中区の互楽荘で待機させた。

厚木に米軍が上陸すると数えきれないほどの米兵が互楽荘に列を作った。互楽荘では、黒人兵を初めて見て驚き、「嫌だ」と裸のまま逃げ出した女性に拳銃を発射したり、女の奪い合いで兵隊同士のけんかが絶えず、日本の警察官の手では収拾がつかなかった。横浜で最初に開業した慰安所、互楽荘は進駐軍に接収されて一週間で閉鎖となった。

また営業用に布団、毛布、蚊帳、客用寝間着、足袋、タオル、そのほか脱脂綿、リスリン、消毒薬、化粧品などが必要であった。特に集めるのに苦労したのは布団で、ほとんどは他府県から購入したが、運搬する自動車が間に合わず、警察は必要最小限の車両を確保し、警察官が布団の引き取りや運搬をした。

さらに警察は売春業者にも元娼婦の募集を指示した。しかし公娼や芸妓は戦災によって焼け出され地方に四散していたため、横浜にはほとんどいなかった。警察は業者に、帰郷したこれらの女性を集めるよう頼んだ。

しかし当時は復員軍人の輸送などのため列車が混雑し、乗車制限が行われていた。そこで警察は鉄道の各駅に連絡し、公務乗車証明書と募集に行く人の身分証明書を発行して、優先的に乗車できるよう便宜を図った。

米海兵隊の拠点である横須賀では、横須賀署が安浦私娼組合に海軍工廠工員宿舎で一七二人の接待婦で開業させることにし、横須賀芸妓組合にも進駐軍の幹部を対象に待合茶屋五軒を外国人向けに指定し、芸妓七〇人に接客させた。九月一日に開業した「安浦ハウス」では、施設にむらがる米兵の写真が米国で報道され大きな反響を呼んだ。

†「女性たちを泣き落としにかけて集めまして」

青森県知事は内務大臣に宛て、九月一六日に「連合軍進駐に伴う部民の動向に関する件」を提出し、「大湊には八軒の娼館があるが、その六軒は米軍の進駐に伴って休業した。

安浦ハウス（横須賀市所蔵）

米兵に極度に恐怖心を抱いたのが主な理由である。このため組合長を中心に娼婦を呼び戻し開業するよう腐心している」と報告している。（『資料日本現代史2』）

また敗戦当時の山梨県警察部長は一九八三年の年会報『大霞』の座談会で次のように話している。

「（富士山麓が演習場になるかもしれないということで）慰安所の設備ということが非常に問題になりました。もともと甲府にも遊郭はあったわけですけれども、それはもちろん閉鎖されておりました。そこで保安課を中心といたしまして、旧歴のある人たちを細かく探しまして、その女性たちに「お国のためだ、ひとつ辛抱してくれないか。もし辛抱してくれるならば、こういう着物も用意しております」ということで、そういう女性たちを泣き落としにかけて集めまして、大月の昔の設備を利用して、慰安所を設置したのであります」

大阪や京都など全国各地で警察が働きかけ遊郭関係の人たちが組合を作り、大阪では飛田や松島に、京都は島原、先斗町、英国兵やオーストラリア兵が駐留した広島の呉に慰安所ができた。

このように内務省警保局長の指示に従い、全国各地で進駐軍のための慰安所が、警察や行政の協力のもと設置されていった。

†「耐えがたきを耐えて、全日本婦人の盾となる」

女性を集めるため、「一億総火の玉」というような本土決戦に向けた刷り込みを再び利用した、騙しと言っていいやり方で集めたのも少なくない。

一九九二年刊の『占領軍慰安婦――国策売春の女たちの悲劇』で山田盟子は次のように記している。

本土決戦ということで、「江東区女性軍」を編成するため、埼玉の第一中隊百三人が動員されていた。

終戦の八月十五日をむかえても、百三人は帰してもらえなかった。埼玉第一中隊は足留めされ、内務省治安当局の指定ということで、

「特別挺身隊として、耐えがたきを耐えて、全日本婦人の楯となるべき……」

と、都内四カ所の慰安所に連れ去られ、やみくもに米兵との交接を強要された。

そのような事実は都内だけでなく、他県にまで見られた。

広島では戦中に動員した女子青年団を、もろに慰安婦にした例があった。

原爆投下で肉親を亡くし、帰る家を失った娘たちが、呉市H軍需工場に九名残っていた。工場長は、彼女たちが、

「天皇のために捧げたてまつる」

と、血判を押した誓紙を逆手にとって、彼女たちを玉集めの女衒の前に座らせた。

「いよいよ君たちが奉仕をするときが来た。私はかしこきあたりの御内意をうけ、大和なでしこの範となるべき婦人をさがすために、はるばる大阪からやって来た。このような血書をささげた君たちの忠誠を、天もみそなわしめたもうたのであろう。君たちでなければ日本人の操を、進駐軍の魔手から守り通すことはできないであろう」

女衒は名調子の演説をぶった。女たちはその女衒によって、呉の慰安所に連れ去られたのである。

同じようなことが、神奈川県川崎M軍需工場でもおきた。戦災で家と家族を亡くした女学生が、寮に十数人残っていた。

そこへ「新生社会事業観光部」の看板をつけたトラックが来ると、彼女たちを唆かすように、よいことだらけをならべたてた。

「月給は高いし、人道愛に燃えたる当会社に、いますぐ就職してはどうだね」

彼らはとびっきり箔をつけた名刺をひとりずつに配った。名刺には、内務省指定治安維持会・中国地方幹事・米山二郎、とあった。

詐欺っぽいその名刺で、コロリと騙しを喰った女学生たちは、米軍慰安所へと運ばれていった。その女衒は、

「君たちは誇りをもって、この特別挺身の任務を完遂し、かしこきあたりのシンキン［宸襟］を安んじ奉らねばならぬ。君らこそ日本帝国の歴史に、千歳に残る烈婦なのである」

と、戦時中に耳訓れた言葉を聞かされた。

彼女たちは「特別挺身」の仕事が、占領軍への肉体奉仕ということを、この時点ではわからなかった。

「国に奉仕」という言葉で、精神的に高揚させ、様々な悪辣な手段で慰安所に連れられていった例は多々あったと想像できる。なにしろ業者は、警察の保証を受けた上で慰安婦を集めるように指示を受けたのだから。

†「客は内外人を問わず均しくその需要に応じること」

すでに第二章で一例を見たが、新聞広告でもさかんに募集が行われた。あまりにも派手に募集が行われたため、当初は募集の黙認をしていた警察も業者に警告を発した。『みんなは知らない――国家売春命令』（小林大治郎、村瀬明著）によれば、内務省行政課長から次のような指示がなされた。

慰安婦の求人注意方の件

（前略）

聯合軍進駐に伴う特殊慰安施設等の整備を急ぐの余り一部の業者に依りては従業婦の獲得に狂奔し女給・ダンサー・慰安婦等の求人広告を新聞紙上その他に掲載するの向漸く滋からんとする傾向有之　斯くては社会風教上考慮すべきものと思料せらるるに付、此際業者をして斯種広告掲載等は自粛せしむる様内面指導に留意せられ度。尚娼妓・酌婦等紹介業者にして誇大・虚偽なる言辞を弄し或は紹介先を隠蔽し以て不正なる紹介を為す等の事なき様指導取締を為し之等婦女子の保護に遺憾なきを期せられたし。

しかし、東京はじめ大阪など全国では空襲で家や家族を失い、食べ物に事欠く若い女性は数知れず、様々な手段で慰安婦に駆り出された。

それどころか「慰安婦の求人注意方の件」が出て一か月もたたないうちに警視庁は、「待合、芸妓屋営業の取扱いに関する件」という通達を各警察署に出した。これは戦争で休業を命じた待合、芸妓屋の営業を再開させるもので、「客は内外人を問わず均しくその需要に応じること」とある。進駐軍を嫌った芸者が少なくなかったこともあり、あえて「内外人を問わず」としていると言われている。

†慰安婦の収入

RAAの慰安所では三〇分のショートタイムが一〇〇円(当初三〇円)、泊りが三〇〇円であった。兵士たちは入口で金と交換に番号札をもらいその割部屋が空くと入るという流れだった。

慰安女性が受け取るのは料金の五〇%で、それまでの遊郭の歩合より多かった。収入は相手にした人数によって異なってくるが、一日二〇人はざらだったようだ。

RAAの情報課長だった鏑木清一の『進駐軍慰安作戦』には、朝七時から午後三時までの八時間で二三人を相手にし、その日の最高記録だったという女性の話が出てくる。女性は一休みするように言われ夜に備えるのだが、送り込まれる兵士を次から次へと抱いては送り、送り出しては抱くという状態だった。体中がしびれるように痛み食欲もなかった。自分が何人を相手にしたかもわからず差配する女将に言われはじめて人数を知るような状態だった。

RAAの進駐軍向け慰安女性が、月にどの程度の収入があったのか記録がないのでわからないが、仮に一日一五人で、生理などを除外して月に二五日働いたとして、規定通り五〇％の五〇円が入ったとすれば月収は一万八七五〇円にもなる。当初のショート三〇円でも月に五六二五円である。本書第五章では少しのちの街娼（パンパン）の売春価格を見てみるが、激しいインフレがあったので、一九四五年のRAAの慰安所と単純に比較はできない。RAA以外の慰安所いわゆる私娼宿では、これと異なる契約で慰安女性の報酬額から食費や衣装代を差し引くところもあり、娼婦の収入はもっと低かったと考えられる。

ちなみに、『日本国勢要覧』（昭和二七年版）によると、一九四六年の平均月収は男性が五五三円、女性は二三一円。一九四七年は男性二二三六円、女性九七一円だが、別の資料では一九四七年の平均月収は、男性が二五九〇円、女性が一一九七円とある（厚生労働省賃金統計）。

『R・A・A協會沿革史』にある職員と事務員の給与表によれば、発足当時、部長クラスの職員の月給は五〇〇円、事務員のトップは三〇〇円、これに加え勤務手当が職員には月給の一〇割、事務員には七割が支払われている。つまりRAAの部長クラスの月の収入は手当を入れて一〇〇〇円である。インフレや職員・事務員の増加で給与や手当は変わっていったが、発足当初でも慰安婦は、RAA部長クラスの五倍以上の月収があったことに額面上はなる。

しかし本当に進駐軍向けのRAAの女性にこれだけの収入があったのだろうか。

三　日本政府に裏切られた〝お吉〟たち

†ほぼ同時代の、当事者たちの記録

先に記したように、一九四五年八月三〇日の朝日新聞には「進駐軍の慰安施設」という神奈川県の慰安施設の記事があるが、RAAの慰安所の様子が具体的に登場した最初のも

のは、筆者が調べた範囲ではすでに紹介した一九四五年一一月の『新生活』創刊号の記事だと思われる。

一九四五年の末から一九四六年にかけて『中央公論』や『改造』が復刊され、『世界』『展望』『潮流』などの総合雑誌が次々と創刊された。またカストリ雑誌という質の悪い安い紙に世情や風俗を刺激的に伝える雑誌が、雨後の筍のように登場しては消えて行った。これらのカストリ雑誌にも進駐軍慰安所のことが描かれていたであろうことは想像できる。

ＲＡＡなど進駐軍用慰安所に関しては、一九四九年四月の『Ｒ・Ａ・Ａ協會沿革史』、一九五一年一一月の米人記者マーク・ゲインの『ニッポン日記』、一九五二年五月『ダイヤモンド臨時増刊』の元警視庁保安課風紀係長の大竹豊後の「肉体の防波堤　昭和の唐人お吉」、そして一九六一年　小林大治郎・村瀬明の『みんなは知らない――国家売春命令』、一九七二年のＲＡＡ情報課長だった鏑木清一『進駐軍慰安作戦』、一九七九年のドウス昌代『敗者の贈物』などがある。

進駐軍用慰安所の設置経緯については『Ｒ・Ａ・Ａ協會沿革史』があるが、他に「肉体の防波堤　昭和の唐人お吉」は大竹がＲＡＡの設立に関わった立場でもあり、ＲＡＡの経緯や最初に開業した大森の小町園の様子など、その後のＲＡＡ関係の出版物の原典となっている。また『進駐軍慰安作戦』は鏑木がＲＡＡの初期に関わった立場からの詳細な記録となっている。さらに『敗者の贈物』は米国公文書館の資料をもとにした上で、占領時の米国の将校らの視点も入ったものである。

慰安婦の体験談としては、一九五七年、田中貴美子の『女の防波堤』がある。一九七二年六月の『潮』の「進駐軍慰安の大事業を担う新日本女性求む」には、先に紹介したように進駐軍向け慰安所の慰安婦の様々な思いが体験談として多く掲載されている。

そして一九九〇年代以降は、従軍慰安婦として韓国人女性が強制的に従事させられたことが大きな問題になったこともあってか、一九九二年に山田盟子の『占領軍慰安婦』、一九九五年にはいのうえせつこの『占領軍慰安所』、『宝石』一九九七年一月号の「小町園のメアリー」が出ている。

『ダイヤモンド臨時増刊』一九五二年五月の「肉体の防波堤　昭和の唐人お吉」で大竹は一一ページにわたる記事の最後に次のように記している。

私は、この話のご相談を受けた時、果たして、話すべきか否か随分迷った。興味本位の記事に扱われることを恐れて、今迄秘していたからだ。しかし、この儘伏せてしまっては、宮澤氏以下当時の人の功績に相すまぬと考え、敢てここに公開した次第だ。

多くを語ることのできない面でも終戦処理に偉業を立てた人が、相当沢山いるということを皆様がご承知頂ければ、私はそれで満足する。
私共は、心ならずも、昭和の唐人お吉をたくさん作ってしまった。日本民族の純血を守るために肉体の防波堤として……。しかし、もう二度とこの様な事のない様に切に切に、望むものです。

よし悪しは別にして、慰安所設置に尽力した人たちがいた事実を知って欲しいという思いと同時に、自分たちの行ったことへの反省が表れている。先に記した警視総監の坂と、この大竹の後記とには、人に対する思いやりに大きな隔たりがあると言える。

†各地の公的記録に見えるRAA

ＲＡＡの性的な慰安施設は七か月あまりで閉鎖されたこともあって一般的にはあまり知られていないように感じる。しかし現在も近現代史の研究に、ＲＡＡについて書かれた論文はある。再開発などで消えつつあるが、ＲＡＡの痕跡を跡地に訪ねる人もいる。残された資料によって詳細に違いがあるとしても、占領軍向けの性的な慰安施設があったこと自体は否定できない事実である。しかし日本政府は、一九四五年敗戦から三日後に全国の知事あてに内務省警保局から出された「外国軍駐屯地における慰安施設設置」の指示の事実を公にしようとはしていない。

一九四六年一〇月一日の帝国議会衆議院請願委員会では、県が立ち退きを求めた土地に進駐軍用の遊郭が設置されたという事実が述べられている。立ち退きを余儀なくされた住民が元の土地に戻れるようにと請願したものである。

この中で「昭和二十年九月長崎縣佐世保市山縣町居住者は縣當局に依り立退きを命ぜられ、本地區に進駐軍用の遊郭設置せられたるも、進駐軍は之を立入禁止地區と指定して使用することなく、現在に至つたものであります」とあり、長崎県が進駐軍用の遊郭を設置するために住民に立ち退きまで命じていたことがわかる。

また一九五二年二月二九日の衆議院行政監察特別委員会で証人として出席した新潟地方検察庁の次席検事は、「公娼が廃止されまして旧貸座敷業者が路頭に迷うことになつたのでありますが、そこへまた進駐軍が多数入つて来た。結局慰安婦を出さなければならぬということになつて、また昔の業者をかり集めまして、そうしてこれを慰安婦として提供するということで当局としても相当援助を与えている関係がございます」と述べている。

そして同じ委員会で、「アメリカ軍に対して日本の婦女子に売淫を提供させるこのような、ばかばかしい屈辱的なしかも非人間的な約束をしたことはなかつたはずです。これは当然断わらなければならぬ、日本は断わらなければならないはずなんです」との質疑に対して、この次席検事は、「向うが実力をもつて警察署長等に要求するという実情でございまして、当時の官憲としてはまことにやむを得ないのじやなかつたか」と進駐軍への慰安所設置は進駐軍の要求によるものだという説明をしている。

†「御指摘の文書につきましては公式に引き継ぎがなされておらない」

一九九六年一一月二六日の参議院決算委員会では、内務省警保局長が慰安所を設置するよう指示したことが取り上げられた。

この指示文書があるかという質疑に、警察庁長官官房の山本博一説明員は「発見には至っておりません。これは、戦後、内務省が解体され、警察制度が根本的に改革されました上、新たに警察庁が設置されたものでありまして、これらの経緯からいたしまして、御指摘の文書につきましては公式に引き継ぎがなされておらないことによるものと思われます」と答弁している。

さらに県警史に記載があるという質疑に対し山本説明員は「各県警がそれぞれ独自に作成したものでありまして、警察庁としては何らの関与も行っておらないところでございます」とコメントする立場にないと答弁している。

これを取り上げた共産党の吉川春子委員は、改めて一九九九年三月一一日の参議院総務委員会でこの文書について問いただしている。

これに対して警察庁長官官房長の野田健政府委員は「昭和二〇年八月一八日付の外国軍駐屯地における慰安施設に関する内務省警保局長通牒を引き継いでおりません。当該文書の所在について調査を続けてきたところでありますが、発見には至っていない」と答弁したうえで、「通牒が発出されたかどうかという事実に関しても承知しておりません」と答えている。

この「通牒が発出されたかどうかという事実に関しても承知しておりません」という国会答弁をどう理解すればいいのだろうか。

冒頭に紹介した通牒は一九五二年一〇月の労働省（当時）婦人少年局の「売春に関する資料」に記載されている。さらにこれまで見てきたように県史や県警史、さらには『R・A・A協會沿革史』などの文献に「占領軍慰安施設」の設置という事実が記され、施設での体験も紹介されていながら、その事実を警察庁が承知していないというのは明らかに虚偽答弁と言っていい。通牒の内務省警保局の原物が見つからないとしても、事実を事実として認めないのは責任ある立場の人間として許されることではない。

第四章 立ち入り禁止

一 見て見ぬふりの米軍

†問題は米本国の世論

世界の注目を浴びて日本に進駐した米軍は、日本人がどのような反応を示すのか、ある意味では恐れていた。なにしろ「捕虜になるなら死を選べ」と教えられてきた国民である。ポツダム宣言を受諾したからといってその国の人々が変わるとも思えなかった。しかし意外なことに日本国民は抵抗を示さなかった。まさに「無血上陸」であった。

兵士たちには二つの噂があった。ひとつは「フジヤマ」「ゲイシャ」の言葉からイメージされる売春制度であり、もう一つは敵につかまるならと崖から飛び降りる貞操観念の強い女性の姿である。建国以来、清教徒（ピューリタン）思想が主流だった米国では、ネバダ州以外では公娼を認めていなかった。このため米軍は公式には売買春を禁じていた。

しかし兵士の性欲を無視すれば強姦事件が起きるのは、第一次世界大戦以前から明らかなことであり、米軍司令部は兵士の欲求を解消するため、占領地内の売春施設を利用することには、米国内で報道され本国で問題視されない限り見てみないふりをしていた。

内務省の進駐軍向け慰安所設置の通牒で全国各地に設けられた慰安所は、米軍司令部の本音とも合致した。しかも進駐軍を迎えた日本の行政や警察は、米兵を歓待する時には当然のようにダンサーと称してダンスのできない慰安女性を同席させた。

日本女性は男社会の中で幼いころから家庭や教育で、「従順」を染み込まされていた。上から言われればそれに従うのは当たり前であった。

ドウス昌代の『敗者の贈物』では米兵の日本女性観を次のように記している。

着物を着るとすべての欠点が巧みに隠されてしまう。男に全身で仕える可愛い女たちである。「ドイツ娘のほうが、ダイコン足の日本のネエより魅力的だが、日本駐屯の米兵のほうがずっとハッピーに違いない」

米兵はドイツ娘を「フローライン」（ドイツ語のミス）と通称した。それに比べ、日本娘を「ムース」と呼んでいる。「ムスメから来ている。だが、日本では狩りの一番の獲物が娘だから、全く当を得た呼び名と言える」（『Time of Fallen Blossoms』）。

英語でムースとは鹿の一種なのである。

ムースが「安かった」のも、大いに彼らは気に入った。

†性病の蔓延

進駐米軍が最も神経を尖らせたのが「性病」であった。

第一次世界大戦で兵士に性病が多い事がわかり、その後各部隊では毎月性病患者の報告を求められていた。第二次大戦が終わった後、ドイツに入った米軍の性病罹病率は急速に増えていた。生活に困った女性が多く、公娼のように管理するのが難しかったという。

日本の娼婦には性病に関する知識がなく、もともと遊郭でも性病を予防するという考え方はなかった。このため日本に進駐した米兵の間に、性病は急速に広がった。

歌人の与謝野鉄幹、晶子の長男、与謝野光は医学部卒で米国への留学経験もあり、一九四五年九月二八日に占領軍司令部に呼ばれ、性病予防の対策を頼まれた。

進駐米軍の中佐は警視庁から手にいれた慰安所が記された地図を示し、白人と黒人を一緒にすると必ずトラブルが起きるので、白人用と黒人用に割り振りするように頼んだ。その上で、与謝野は慰安女性の性病検査と予防を要請された。

与謝野の専門は公衆衛生であり、性病とは関わりがなかった。英語が話せることが大きかったようである。

当時、与謝野は都庁に勤務しており、米軍の担当者とともに吉原病院や大森のＲＡＡの慰安所の検診所を見て回り、週に一回のダンサーを含めた慰安女性たちの検診と治療を指導した。

米軍もコンドームやサルファ剤軟膏を、各部隊に大量に配布したが、兵士の性病罹患数はなかなか減らなかった。

†占領軍人による強姦事件

慰安施設があっても占領下では当然性犯罪は起きた。

ＲＡＡ設置を進めた坂信弥は先に引用した『続内務省外史』で、「東京でしろうとの女がおかされたという例はほとんどなかった。これは地方でも同じことだから」と語っているが、これは明らかな誤りで、多数の強姦事件が起きた。

一九四五年九月四日に内務省保安課長が、警視庁特高部長、大阪府治安部長、各庁府県警察部長に宛てた「米兵の不法行為対策資料に関する件」では、米兵独特の民族性や戦勝者心理などにより局部的には大小様々な不法行為が発生しつつあり、連合軍司令部に厳重に抗議しているが直ちに改善するのは困難である、として犯罪例を上げている。

最初の強姦事件は八月三〇日横須賀市で起きた。二人の米兵が住宅に押し入り、母と一七歳の長女に拳銃を突きつけて強姦している。九月一日には館山市で、三人の米兵が、出征し死亡した夫の妻を輪姦している。

内務省に報告された婦女子強姦猥褻事件は、九月二日までに横須賀市で二件三名、館山市で二件二名とある。また村役場や郵便局に押し入り、留守番でいた女性事務員の胸やほおを触った例があげられている。

そして警察官に対する不法行為が、横浜、横須賀、東京、木更津、館山など各地で頻発しているとしている。警官を軍人と勘違いして危害を加えられると思い、暗がりを走っていた警官に発砲してけがを負わせた例が報告されている。このほか「記念品」と称して、日本刀や拳銃、腕時計などを奪う略奪はあとを絶たないとしている。

これらの報告をした内務省保安課長は、強姦の予防として、米兵慰安所を急いで設置することが必要だと記している。

報道されない米軍人の事件

『神奈川県警察史』によると、一九四五年八月から一九四六年一月末までの神奈川県内の米軍人による犯罪の発生数と検挙数は表の通りである。

神奈川県内の米軍人による犯罪件数

種別	発生件数	検挙件数
殺人	10	1
強姦	58	3
金銭強取	720	11
物品強取	817	11
傷害	67	2
暴行	35	1
自動車類強取	36	8
警察官武器強取	71	1
その他	86	3
計	1900	41

『神奈川県警察史』より、1945年8月から1946年1月末まで）

半年の間に警察に届け出があったものだけで一九〇〇件に上り、そのうち強盗が八七％を占めている。強姦は三％であるが、届け出のないものが相当数あると思われる。

検挙件数は米軍の憲兵（ＭＰ）が検挙した数であるが、現行犯主義で継続捜査は行われない傾向があった。しかも被害にあった日本人が、初めて見るアメリカ人の顔が分るわけもなく、犯人の名前などわかるはずもなかった。日本の警察が被害を訴えても、そんなことではだめだちゃんと調べてこいと言われて終わりになったり、米軍が話を聞いてくれた場合でも、被害者がけがをしていない場合は、「了解したうえでのこと」とされてしまった。

神奈川県内の米軍人による重要事件

種別	発生件数	検挙件数
殺人	20	8
強姦（未遂を含む）	96	13
強盗	1965	66
傷害	193	16
警察官被害	120	9
計	2394	112

（1945年8月から1947年1月末）

このため一九〇〇〇件のうち検挙件数は四一件（二%）と極めて少ない。

その一年後に報告された一九四五年八月から一九四七年一月末までの神奈川県内の米軍人による重要事件の件数は、次の表の通りである。

強盗は八二%を占め、強姦は四%と増加している。検挙率は増えたものの五%にとどまっている。『神奈川県警察史』は「強姦は進駐当初、いたるところで発生したが、その後次第に減少した」としている。

しかしこれらの犯罪は報道されることはなかった。一九四五年九月五日の毎日新聞に「犯人は厳重に処罰　横須賀の暴行略奪事件に米軍回答」の記事があるが、進駐軍は一九四五年九月一〇日に「言論および新聞の自由に関する覚書」を出し、占領軍に関する報道の検閲が始まり、九月一九日には「プレスコード」を決め検閲の徹底が行われた。

占領軍の規律の乱れと米軍人をおそれ女性をあてがう日本人について、マーク・ゲインは『ニッポン日記』の中で、一九四五年の大晦日の夜の、ある地方の出来事を記している。若い兵士たちの鬱積に困った米軍中尉が、地元の「札つきども」に頼み祝宴を開いた。そこには地元の牧師家族や警察署長らに加え、明らかに娼婦とみられる女性たちもいた。中尉は、「女を二階に連れて行きたい者は、なるべく髪の毛を摑んで引きずり上げずに腕を組んで静かに階段を上って欲しい。とくに今夜は牧師夫妻や上流の人たちも招いてあるので彼らに悪感情をもたれぬようにしてもらいたい」と部下に訓示した。

夜一〇時ごろには騒ぎは高まり、誰もかれも酔っ払いしゃべり散らしていた。牧師の妻と従妹は若い兵士とピンポンをしていた。この連中だけは酔っていず、たいへん不幸そうだった。二階へ女を連れて行く兵隊のために彼らはときどき道をあけてやらねばならなかった。牧師の妻と従妹は見て見ぬふりをし、二人ともこわばった顔をしていた。

ゲームの最中に牧師の妻は突然従妹の姿が見えないことに気づいた。ゲインは物置部屋で男ともみあっている彼女を見つけた。ゲインが男の肩を摑んで引っ張ると、その男は客の米国人であった。男は何が何だかわからないといった顔つきだった。従妹の娘さんは部屋から飛び出していった。

『ニッポン日記』に描写されたように、占領軍をもてなすために各地で慰安女性を入れた歓迎会のようなものが開かれ、進駐軍兵士は女性とみると慰安婦と思ったのであろう。「男は何が何だかわからないといった顔つきだった」という表現に、そうした場にいる女性はすべて慰安女性という思い込みが表れている。

二 オフ・リミット

†性病予防の努力は日本政府機関

全国各地に慰安所という売春施設が次々とできた。性病を心配した進駐軍、特に米軍は日本では性病の知識や予防に関心がなかったこともあり、慰安所で働く女性の性病検査が頻繁に行われた。

ドウス昌代の『敗者の贈物』によれば、米軍兵士の性病罹患率は、九月七日二六・八四

%、九月二一日には四一・八四%に急増し、九月二八日には五五・三四%までに増え、その後一〇月には五六・三九%になった。

こうした事態に連合軍最高司令官は、一九四五年九月二二日に日本政府にあて次のような覚書を出した。

「花柳病撲滅に特に努力すべし。本事業は既存の日本機関によること」

この覚書は九月一一日、慰安所の売春婦に行った性病検査で、梅毒が五〇%、淋病は七五%という結果に驚き、急遽だされたという。

『敗者の贈物』には以下のように記されている。


性病担当のゴードン軍医中佐は、日本の性病対策が「アメリカに比べて四〇年は遅れている」と唖然とした様子でワシントン軍医総監室に手紙を書いている。その上、公娼制度が合法的に認められ性病をまき散らす機会は無制限なのに、日本の医者は性病を売春婦の職業病として考えているらしい。

性病防止令は明治初頭よりたびたび出されてはいた。だが、医者は性病の病理的、臨床的兆候に慣れておらず、予防措置もなく、娼妓の定期健診だけを建前としていた。これにしたって、顕微鏡による病菌の検査ではない。肉眼のみによる原始的なものだった。

しかも、業者が作った保健組合とか性病予防組合に検診を任せている所が多いという手抜き極まりない現実であった。

政府も一九四五年一一月二二日に「花柳病予防法特令」を定め、患者の住所氏名等を各地方長官に報告することや、入院させること、病気でないことの証明書を持たないものが慰安所で働くことを禁じ、業者には予防施設を用意することを求めている。

その後米軍はペニシリンを用意し、検診所も設けられたが、治ってもまた再び感染するということが繰り返され、一向に数は減らなかった。一九四七年一月二〇日には杉並区にRAA病院がRAAによって開設された。

米本国で問題化、公娼廃止へ

こうした性病の問題に加え、米国の新聞にはキャバレーで米兵が日本女性と踊る写真や慰安所に集まる米兵の写真が掲載され、米国内では女性や宗教界を中心に反発が高まった。慰安所の一つ、横須賀の「安浦ハウス」の周囲に大勢の米兵が集まっている写真が横須賀市に残っている。これが米国で報道され、占領地の米兵の行動を管理すべきだと非難された。

そして一九四六年一月二一日、連合軍最高司令官は日本政府に「日本における公娼廃止に関する件」という覚書を出した。

1、日本における公娼の存在は、デモクラシーの理想に違背し、かつ全国の民間における個人の自由発達に相反するものなり

2、日本政府は直ちに国内における公娼の存在を直接ないし間接に認めもしくは許容せる一切の法律、法令およびその他の法規を廃棄し、かつ無効ならしめ、かつ諸法令の趣旨のもとにいかなる婦人をも、直接ないし間接に淫売業務に従事せしめる契約、もしくは拘束せる一切の契約並びに合意を無効ならしむべし

3、当覚書を遵守するために発令せらるる法規の最終準備完了と同時もしくはその交付前に諸法規の英訳二通を司令部に提出すべし

†警視庁の忖度

しかしこの覚書に先だって一月一二日、警視庁はＧＨＱの意向を受け対策を出している。その内容は次の通りである。

一、方針
現業者（貸座敷および娼妓）をして、自発的に廃業せしめ、これを私娼として稼業継続を許容す
二、方法
・現行貸座敷指定地域をそのまま私娼黙認地域として認めること
・既存の貸座敷業者は接待所、娼妓は接待婦として稼業継続を認めること（以下略）

これは警察が認めていた公娼は廃業させるものの、業者は娼婦を自分の意思で売春をする私娼として続けて働かせてよいというものだ。

GHQの覚書は骨抜きにされ、公娼が私娼に変わり娼妓が接待婦と名前が変わっただけで慰安施設はそのまま残った。

このため性病の蔓延は続き、一九四六年三月にはGHQはこうした施設への立ち入りを禁止し、東京憲兵隊司令官から警視総監あてに「進駐軍の売淫窟立ち入り禁止に関する件」とする通達が出され、これにより各地にあった占領軍慰安所はOff-Limits（オフ・リミット）の看板が掲げられ、立ち入り禁止となった。

『R・A・A協會沿革史』によれば「三月二七日マ司令部の指令により閉店せざるを得な

くなった」とあり、ＲＡＡの占領軍用慰安所は、開業から七か月で廃止された。いわば国営ともいえる進駐軍用慰安所を設置したＲＡＡは、設立から四年後の一九四九年五月に解散し、日本観光企業に変わり事業を引き継いだ。

慰安所は閉鎖されたものの、ほかの慰安施設はそのままで、キャバレーなどはより一層売春とセットになっていった。

とりわけ小岩の「インタナショナル・パレス」（元精工舎亀戸分工場）は「世界最大の妓楼以上のもの」として有名だった。軍需工場の工員宿舎五棟が妓楼に変えられていた。Off-Limits の立札があるものの、「舞踏室」には一〇〇人ほどの女性が、醜悪な西洋のガウンを着て女同士で踊っていた。中には一四歳以上とは思えない少女もいた。女性たちの部屋は一棟五〇室ずつあり、その小さな部屋は低い仕切り壁とドア代用の薄いカーテンで仕切られていた。

ここで『ニッポン日記』のマーク・ゲイン記者は、支配人から元芸者、元ダンサー、元タイピストの三人の女性を紹介される。

「この三人は二十六歳から二十九歳までのあいだだそうだ。この「インタナショナル・パレス」には去年（一九四五年）の十二月に来た。そして今、それぞれ四千円から六千円（二百六十六ドル～四百ドル）の借金を背負っていた」と記している。ひとりは「いいえ、貯金なんて誰もありはしません。入るお金はみんな会社から買う化粧品や着物になってしまいます」と言う。一日に一人平均一五人の米兵を相手にし、GIは各自五〇円支払うが、半分は経営者に半分は女性の収入になる。「女はその中から食費、医療費、化粧品代、衣裳代を支払う」とも記している。

†増える私娼宿

公娼廃止により、ダンスホールだけでなく「特殊飲食店」や「特殊喫茶」という私娼宿も増えた。日本人を相手にしたものが多かった。一階には喫茶店のようにテーブルがおいてある。円窓や入口から顔を覗かせ客を誘い、二階の自室で客の相手をしていた。街角や店頭には「働く女性求む」の張り紙が掲げられ、ここでもウエイトレスと勘違いして来る女性がいたという。

一九四八年七月の『旬刊ニュース』には「鳩の街を行く　玉ノ井はどうなったか」という記事で、戦前戦中、売春宿が多かった墨田区寺島の「玉ノ井」が駅前に移り、「鳩の街」と呼ばれ、売春宿が特殊喫茶になった様子を伝えている。

同じ年の雑誌『真珠』は八月号で「鳩の街」で働く五人の女性たちの座談会を掲載している。自称一八歳から二五歳の「鳩の街」の私娼である。

そのうちのひとり、大宮の平凡なサラリーマンの娘は、家には喫茶店で働いていると言っているが「お父さんお母さん、やっぱり知らないのよ。たまに遊びに行くとき、お金持っていって上げると、喜んでいるわ」と話している。

二五歳の軍人の妻は、夫がシベリアから帰らず生活のため子供を他に預けて自分からこの仕事にとび込んだ。「夫が捕虜になったのも、私が体を売ったのも、どっちも生きる為でしょう。戦争に負けたんだもの、仕方がないわ」と語っている。

ある女性は兄嫁と折り合いが悪く東京で女中奉公していたが、月給が少なく配給が少ないこともありこの道に入った。「兄さんは知ってるわ。女房の為に苦労をかけてすまないと云っているのよ」と淡々と語っている。

最も若い一八歳の女性は、母が「玉ノ井」で働いていて父は誰なのかわからず、「これが運命よ」と話している。

座談会では収入やその使い道にも触れている。一日四、五人の客を取り、店とは半々に分けるという。しかし病院の検査や治療の費用や衣装、洗濯代や化粧品代などであらかた消えてしまい、残そうと思わないと残らないという。彼女らは「パンパンさんにくらべたらあたしたちケチだものね」、「稼ぎの点はもんだいにならないわね。（むこうは）みんな自分のものになるんだし、客種が違うからね」

結婚については、願望はあるが二の足をふんでいるようである。「はでな暮らしに慣れちまったら、窮屈で、平凡な結婚生活はちょっと出来ないと思うわ」という語りが彼女らの心情を表しているように思える。

†放り出された占領軍慰安婦

GHQのオフ・リミットにより、各地の慰安所では「今日限り店は閉鎖する」といわれ、それまで毎日米兵を相手にしていた女性たちは突然のことに言葉もなかった。それまで「良家の子女を守る防波堤になってくれ」とまで言われていた娼婦たちは、いきなり用無しになった。

山田盟子の『占領軍慰安婦』には次のように記されている。

「GHQの指令で、今日かぎり慰安所は一切オフ・リミットになりましたから、皆さんに立ち退いて欲しい。皆さんの犠牲で多くの一般女性の純潔が護られたことは、歴史的事実であった。その努力は後世の人たちによって報いられましょう。どうかお国のために尽くしたことを誇りとなぐさめに、お別れをして欲しい」

女たちは叫んだ。叫ばずにいられなかったろう。

「勝手だ」

「退職金はどうした！」

「もとのサイズに返せ！」

「地獄を押しつけぇがって！」

それぞれがわめきたてた。


何もかも失い、身体を売る生活を余儀なくされた人たちである。踊れる人はキャバレーに転職したが、もともと踊れる人は少なかった。たばこやチョコレートなどを手に入れやすいこともあり、多くの人は街で直接米兵に声をかける街娼となって米兵が集まる繁華街や基地周辺に向かった。

日本人相手の売春施設に行く人もいた。これらの施設は許可を得たものもあれば、もぐりのものもあった。彼女らは接待婦とも酌婦とも呼ばれ、自由に客を選べるわけではなく、施設の外に出ることもままならず、収入の多くを店の経営者に吸い上げられ、米兵を相手としていた時と比べて収入が少なかった。このため再び米兵を求め街に出る人も少なくなかったといわれる。

†東京・日比谷公園、京都・円山公園

街娼がふえたのはこのオフ・リミットの影響だけに限らない。ドウス昌代『敗者の贈物』には、敗戦から一か月の一九四五年九月末には、米軍宿舎の近くの日比谷公園周辺に恐れることなく米兵を誘う街娼が出現していた。自ら街を徘徊し白昼堂々と客を誘っていたとある。

また戦災を受けなかった昔ながらの京都では東京以上に、日本娘と米兵のフラタニゼーション(親密な関係)が盛んで円山公園で、濃厚なシーンが繰り返されているという記事も本国で注目された、とある。

雑誌『新生活』一九四六年二月号には「ヘロー　Moo Soo mee San」のタイトルで日比谷公園の様子が記事になっている。

日比谷公園の陽だまり〝芝生コオナア〟あちらこちらに開かれた男女共学英語自由学園の一風景である。

ワンス・アポン・エ・タイム……などと古ぼけた先生からかびの生えたリーダーを教わるのではなく、とれたての鰯よりも新しい、しかもリビング・イングリッシュなのだ

からたまらない。

チョコレートアゲマス
サンキュー
カアキイの制服に身を固めたアアミイさんと、白い毛糸のジャケッツにホームスパンのスカアツをはいた日本の娘さん。

白い帽子に紺のセイラア服を着こんだネエビイさんと、桃色のワンピースを着た日比谷近郊の事務員さん。

かつての日は、花園から戦時農園に化けてせっせと甘藷増産に一役を買わされたこの日比谷の芝生コオナアも、いまはまたアメリカ男と日本娘の楽園と化して新東京名所図絵の一頁を飾ることになった。

(中略)

チェッ!

唐人お吉がうんと居るぜ……と角帽［学生のこと］の四五人連れが、その前を縫うようにして歩いている。

†なぜ日比谷公園か

日比谷公園が米兵との出会いの場となったことは連合国最高司令官総司令部のあった日比谷の第一生命ビルや米兵の宿舎が近いこともあった。

子爵の夫人であった鳥尾多江は一九八五年刊の『私の足音が聞こえる』に、米兵と日本女性との様子を次のように記している。

ヘッドクォーター（総司令部）は皇居広場のお堀端に面している。明るいうちから、皇居前はなかなか盛んな場所であったらしい。

若い将校たちが望遠鏡を持ち出して眺めていた。お堀に面した窓は毎日観客で大変だったらしい。まさか大部屋ではできないので個室の事務所から眺めるのだ。さしずめケーディスやホイットニーの部屋は上等席で、用事にかこつけては部下の若い将校が出入りしていたようだ。

いかめしいMPのいる近くで、国中が最もこわいと思っている部屋の近くで若い軍人が望遠鏡で木陰の情事を眺めていたわけだ。

英語もさることながら、当時は砂糖がなく、甘いものに人々は飢えていた。ジープに乗った米軍兵士たちに子供たちが「ギブ・ミー・チョコレート」と群がる映像がそれを象徴している。もちろん娘たちはチョコレートだけでなく、タバコや金が目当てであったことは想像に難くない。

作家の高見順は一九五九年刊の『敗戦日記』に、一九四五年一〇月一八日として次のように記している。

濠の前の大きなビルは、いずれも進駐軍が入っている。ジープが濠端に並び、舗道を闊歩するアメリカ兵。濠端の草に腰をおろして新聞や雑誌を読んでいるアメリカ兵……日本人よりアメリカ兵の方が多いようだった。

日本人は、——年若い娘の多いのが眼を惹いた。濠端でアメリカ兵を囲んだり、アメリカ兵に囲まれたり、——さらに、アメリカ兵にいかにも声を掛けられたそうな、物欲しそうな様子で、でもまだ一人歩きの勇気はなく、二人三人と連れ立って、アメリカ兵のいる前を選んで、歩いている娘たち。いずれも二十前の、事務員らしい服装だ。

いやな気がした。嫉妬か。二十を越した、つまり一応分別のあるといった女はさすがにいない。みんな二十前なのも、面白い。

労働省婦人少年局の一九五二年の「売春に関する資料」の年表には、一九四六年三月ごろから、浮浪児を使って客をとる街娼が出始めたとある。

†ラク町お時

街娼は繁華街の路地裏で、それぞれの「シマ」（なわばり）を決め、リーダー格の女性が取り仕切っていた。ラク町（有楽町）、ノガミ（上野）、ジュク（新宿）、バシン（新橋）などという隠語を多用していた。

パンパン、パン助、闇の女という言葉が全国にラジオで放送され、大きな反響を呼んだのは一九四七年四月二二日であった。街頭録音「ガード下の娘たち」である。NHKの藤倉修一アナウンサーがマイクをコートの内側にしのばせ、コードをズボンの裾から引きずりながらラク町のガード下でいわば隠しどりしたものだ。

この時に登場したのが「ラク町お時」であった。戦災の跡がまだまだそのままになっているところが多く、銀座でも同様であった。

ヤミ市が全盛であったそんな街に日劇の舞台から飛び出してきたような颯爽とした姿の姐御が表れると、それまでわいわい騒いでいた娘たちが次々に寄ってきて挨拶した。

新聞記者を装い、声をかけると、お時は「いったい何のこと」と美しい眼をつりあげて睨みつけた。しかし次々と質問をすると歯切れのいい江戸弁でてきぱきと答えた。

お時は「そりゃパン助は悪いわ、だけど戦災で身寄りもなく職もない私たちはどうして生きて行けばいいの。好きでサ、こんな商売している人なんて何人もいないのよ。苦労して職を見つけてたって世間の人はあいつはパン助だったと、後ろ指さすじゃない。いじめられ追い立てられてまたガード下に戻ってくるじゃないの。世間なんていい加減私たちを馬鹿にしているわよ」と冷たい世間に毒づいた。

冷たい目で見られていたヤミの女たちが世間に抗議する叫びと苦しみが初めて電波を通じて全国に流れ、大きな反響を呼んだ。

食堂でたまたま放送を聞いたお時は、ラジオから流れてきた自分の声に驚き、自分の言葉にショックを受け、間もなく「ラク町」から姿を消した。

藤崎アナウンサーは五年後、『オール讀物』一九五二年九月号に「らく町お時の涙」と題して当時の収録時の様子と、九か月後にお時さんから手紙をもらったことを記している。手紙は「カタギの生活に入ったものの、世間の風は冷たく、決心が崩れそうになるが、一人でも更生させてというあなたの言葉を思い出して強くなろうとしています」という内容だったという。

この放送の前、一九四七年三月には田村泰次郎が『肉体の門』を発表し、パンパンと呼ばれた女性たちの行動や心理、仲間意識を女性たちの側から描きベストセラーとなり、翌年映画化もされた。『肉体の門』の中で田村は、「みんな人間の少女というよりも、獣めいている。それも山猫か、豹のような小柄で、すばしっこい猛獣である。そういう猛獣たちが獲物を狙って、夜のジャングルをさまようのとかわらない、必死な生存欲に憑かれて、彼女たちは宵闇の街をうろつくのだ」と書き表している。

同じ一九四七年一二月には、「ラク町」で街娼をしていた女性の体験談『悲しき抵抗―闇の女の手記』が発行され、客引きの様子、仲間同士の会話、他のシマや暴力団との関わりが記されている。

†パンパンのインタビュー

パンパンや闇の女について、一九四六年十月に『日本ジャナリズム叢書　敗戦の巷に蠢く　闇の女たち』が、新聞記者たちの取材をもとに動機や年齢・家族関係なども踏まえ、様々な「闇の女」と呼ばれた女性たちを紹介している。その中に子供と祖母を抱え行商をしていた二五歳の未亡人の話がある。

「人影のない地下道の小暗い片隅に彼女を連れて行った男は、いきなり、彼女の前に指を突き出した。ぱっと開かれた大きな掌である。勿論、春子にはその意味はすぐ分った。半ば呆然とした思いで、彼女は、その夜、その片隅で着物をドロに汚した。五十円―僅か一時間足らずの稼ぎであった。行商でこれだけもうけるのには、一体何時間、足を棒にしなければならないだろう」

女性たち、特に子供を抱えた未亡人がいかに生活費を得るのに苦労していたか、それゆえに闇の女にならざるを得ない社会状況であったかがわかる。

一九四九年の『改造』一二月号には「パンパンの世界」というパンパンの女性五人を含む座談会が掲載されている。

この中では有楽町や新橋などそれぞれの場所ごとにグループがあり、外国人を相手にするグループと日本人を相手にするグループに分かれ、それぞれ邪魔をしないようなルールがあったこと、吉原は自由が利かなく割が悪いこと、収入についてなど多岐にわたって語られている。

座談会の聞き手は佐多稲子や三島由紀夫ら作家をはじめ大学教授ら五人である。聞き手の関心はまず動機から始まる。語り手の女性たちは次のように答えている。

「各人によって違うと思うのです。必要に迫られてどうにもならない土壇場に来てこういう社会に入る人と、漠然とした一つの好奇心というようなもので入る人と、それからやはり外人に対する非常なあこがれですね。これはもう昔から日本の女の人の弱いところだそうですけれど……。それから誰かに誘惑されてそういう場所に入るというのもあります」

「一番ひどいのは強姦された場合ですね。そういう人たちが一番反抗心を持っています。案外平凡でしっかりしているのは要するに戦前の芸者ハウスから転向してきた人。これは精神的にも肉体的にもしっかりしています。一番下らないのは漠然として働いている人ですね」

「(反抗によってなった人は) ずい分あります。二十前後が非常に多いのです」

「ちゃんとしたアネゴみたいのがいて監督している。ぐれん隊 (不良少年) というのが別にあって、いざという場合にはすぐ乾分《こぶん》が行ってこのぐれん隊に知らせる。そうするとすぐ、やって来る、そういうシステムです」

「よく今まで小説や映画で、女の子が堅気になって止めるときにリンチされる場面なんかありますけれど、ああいうことは絶対ないです。あたしあれだけは心外に思います。あたしたちもほんとは女の人が一日も早くこういう社会から足を洗うことを希望しますよ。でもなかなかあたしたちそう思っても足を洗えないのです。だから一人でも多く足を洗ってまともな生活をしてくれるのはありがたいと思うのです」

この五人の女性は二六歳から三五歳で、満州からの引き上げ者が二人、未亡人で子どもを育てている人が二人で、五人とも座談会当時は夫はいない人たちである。経歴も動機も様々であるが、ことばの中には寂しさや沈んだ気持ちが垣間見える。

そんな彼女たちの心情を表すかのような歌が一九四七年にヒットした「星の流れに」である。

「何処をねぐらの」「煙草ふかして」「飢えて今頃」などとうたい、「こんな女に誰がした」が決め台詞のその歌詞は、パンパンと呼ばれた街娼の悲しみを歌っている。この歌は東京日日新聞に載った投書を読んだ、作詞家の清水みのるが徹夜で書いたという。最初はあまり売れなかったが、パンパンの間で口ずさまれるようになり、ラジオでも流れ、ヒットした。

三　狩り込み

†一般女性を拘束、強制性病検査

こうした街娼を取り締まるため、ＭＰと警察が一緒になり、「狩り込み」という街娼の摘発が始まった。

最初の狩り込みは一九四六年一月二八日、東京であった。労働省（現・厚生労働省）婦人少年局の「売春に関する年表」（一九五二年）によればこの時一八人が検挙されている。

そして一九四六年八月二八日から三〇日にかけて全国一斉に狩り込みが行われた。これは米軍の指示によるもので、花柳病感染日本人を逮捕入院させるよう最善を尽くすこと、登録売淫者やキャバレー従業員を診察し、米軍施設周辺を徘徊するあらゆる女子は逮捕するというものであった。狩り込みの主体は警察で米軍はそれを援助するとされた。

労働省婦人少年局の同じ年表によれば、この三日間で全国でおよそ一万五〇〇〇人が検挙され、東京では三〇七人だったとある。

一九四六年一一月一五日に池袋で、MPと日本の警察により、通行人であった女性たちが無差別に逮捕され、吉原病院で検査を強制されるという板橋事件が起きている。

全日本映画演劇労働組合（日映演）の組合員の二人は、池袋駅の改札口を出たとたんにMPにいきなり拘束され、有無を言わさず駅前交番に引きずり込まれた。身分証明書や社員証を見せても警官は耳を貸さず、「逃げれば逃走罪だ」と脅した。

そのうち数十人の女性たちが連れてこられ、板橋署に行けば闇の女でないものは帰すという言葉を信じてトラックに乗った。MP四人、通訳と警官二人が乗ったトラックは、途中東武東上線大山駅の踏切で止まり、急行電車を止めさせた。そして車内から若い女性たちを引きずり下ろし、トラックに乗せた。

女性たちの中で米兵と一緒だったのは一人だけで、あとは普通の勤め人だった。彼女らの抗議にも拘わらず吉原病院に移され、検査を受けさせられた。このときの七八人の女性のうち、性病にかかっていたのは九人。残りの六九人中三五人は処女であったと『敗者の贈物』でドウス昌代は記している。

これに対して日映演は抗議運動を展開し、このことは新聞などでも報道され、加藤シヅエ議員らもGHQに抗議の手紙を送るなどした。

†「街娼の正しい数を調べることは困難」

労働省婦人少年局の一九五〇年の「売春関係資料」によると、国家地方警察本部防犯課がまとめた一九四七年度の街娼は概数として二万五九七三人とされ、取り締まり人数は四万六二二六人となっている。

取り締まり数が多いのは東京の一万六八二人、兵庫の五二三九人、ついで広島の二九五九人、福岡二五八六人、京都二四四八人、愛知二二〇一人となっている。内訳は「売淫」が四四三七人、性病が一万九三二三人、その他二万二四六六人となっている。その他の二

売春容疑検挙人数

	人数	屋内	戸外	初犯	再犯
1948年	4万3245人	1万5921人	2万7324人	1万3388人	2万9857人
1949年1月～9月	4万4871人	1万8340人	2万6531人	1万7798人	2万7073人

万人余は病院に送致したものなどとされている。

この調査結果の冒頭には「街娼の正しい数を調べることは困難なため、あくまで概数である。現在はもちろんこの数より遥かに増加していると思われる」と記されている。「狩り込み」で何度も取り調べられた人が含まれているせいでわからないのだろうか。「概数」をどのように出したのかという説明はない。

同じ防犯課が私娼と街娼などを売春容疑で検挙した人数は、一九四八年一年間で四万三二四五人、翌一九四九年には九月までの九か月間で四万四八七一人に激増している。

防犯課の作った表には月別に記載されているが、これはそれをまとめた数字である。初犯も増えていると同時に再犯者の数が多いことがわかる。

屋内、戸外を問わず、「狩り込み」がいかに多くなされたかがわかる。

「狩り込み」が頻繁に行われると、街娼たちも仲間同士、「今晩疎開しときな」とか「今晩は荒れてんぞ」と隠語で情報を流し、逃げるようになった。

取り締まる警察も板橋事件のような無茶をくり返すことはできない。そして一九五〇年前後になると普通の女性たちの服装も良くなり、パンパンと区別がつきにくくなってきて見分ける苦労も少なくなかった。

怪しいと思った家には慎重に探りを入れ、二組、三組と男女が入り一時間もしないうちに出てくるのを確認したり、見張りが出ているような駅前や停留所では、酔っ払いの真似をして様子を見たり、中には妻を連れてアベックを装って様子を探った捜査員もいたと当時の警視庁保安課長は一九五二年にある雑誌に書いている。

†「貞操観念を捨てた女と軽蔑しないでほしい」

以下の引用は、京都の平安病院で性病の治療を受けていた女性の手記である。一九四九年に出された『街娼——実態とその手記』に収められている。

八月の太陽は燦燦と輝いている。澄み切った青空を仰ぐとき、私の心はいつも暗さに閉ざされてしまう。何故!!

何げなく道を歩く私を、じっと冷視している人々の目とぶつかって、口に出さねど態度で蔑視する彼等、口惜し涙が胸にこみあげて思わず足を早める。

こんなに馬鹿にされながら、何故この道から抜けきれぬのだろう。慣れやすき怠惰の習慣、自身の性欲のみを充たさんとする真実の愛情なき男の腕の中に暮らす日々、何する事なくにぎやかに無意味に過ぎてしまう日々の連続。正しい心の求める光の道は、はるかに遠く、はるか高く思われる。

幸福に平凡に過ごしてきた半生、突如として終戦。敗戦。帰国。一文無しの素はだかで一人ポンと知らぬ地に投げ出された私は、さて明日よりどうしよう、いや今よりどこで寝よう。千円の金を握った私は、すごすごと引揚者××と標札のかかった門をくぐった。一夜を安らかに過ごした私は、すぐ職を求めて歩いたが、「京都の人でなければ使わない……」、「両親の許から通わねば……」数日を無駄に過ごした手許には、二〇円の金が残っていた。

一年は過ぎた、今の私には住む家もあれば、やわからかい布団もある。あたたかい銀飯がまっている。まことに楽しい人生だと云いたいが、心はいつも灰色である。

人並み、夫《それ》以上に勉強させてくれた両親にあわす顔がない。又今となっては教育されたことも反ってうらみたくなる。何故ならば、何も考えないのか、楽しそうに毎日を送る私たちの仲間の人々がうらやましい。くよくよと未だ恥じる心をもって、世間の人々の一言一言に小さくなって泣いて暮らす私。私をこんなに誰がしたのか。

敗戦の遺物のようなパンパンガールに、世の人々はあまりにも冷たい。冷たいのはまだ辛抱できるが、眼に余る蔑視に身を切られるようだ。先日風呂の中で近所の子が「あれはパンパンだね母さん」という声に、はっとなった。

世の母親よ。新しき道にはい上がろうとしている私をもう少し理解してほしい。暖かい目で見てほしい。と同時に私たちを更生させる設備があれば、素直な気持ちは、失っていないから、たやすくぬけ出されると思う。自分が好んでこうしている人はない。四人の子供を育てる若き未亡人、たった一人の弟を学校にやる為働いている姉、広島の原子爆弾で父母兄弟が死んでたった一人残された少女。

世の人たちにもう一度お願いする。貞操観念を捨てた女と軽蔑しないでほしい。生きるために冷たい人々の中で、もがいている私たちに、はい上がるチャンスを与えてほしい。

私達の中には、光を失って希望を捨てた同胞もいる。でも更生したとき、世間の人々が、のけ者にしないで、過去を問わず、喜んで迎えてくれると信じている。

明るい道に進める日を待ちつつペンを置く。

†「はじめは嫌だったがすぐに慣れた」

『街娼——実態とその手記』は、京都社会福祉研究所の学者らが京都で行った街娼についての調査をまとめたものである。ここには一九四七年からの保健所や病院に収容された街娼の聞き取り調査、手記、口述書が掲載されている。

街娼たちの声に、もう少し耳を傾けてみよう。

友人二人と奈良公園に遊びに行った女学生は若い米兵に写真を撮るよう頼まれたのをきっかけにたびたび会うようになりセックスをするようになった。その米兵は服や靴を買ってくれ、チョコレートやたばこもくれた。そのうち自分の友人に京都で外人の相手をといわれ、一晩三、四人を相手にしたが一晩五〇〇円ほどしか儲からなかった。はじめは嫌だったがすぐに慣れた。

親子六人の中で自分が一番親不孝者という女性は、京都で知り合った米兵に服や靴、化粧道具をもらい、現金も受け取っていたが、借りていた家にMPと警官が来て平安病院に入院した。最初の外人が帰国しもう二度と遊ばないようにしようと思ったが失敗し再び警察の世話になった。「私はバカでした。いくらでも働くところがるのに、自分で自分のことをつぶして、本当に阿呆です」と真面目になって家に帰ると記している。

戦災で父母を亡くした少女は北海道に行き知人家族とはぐれ、函館で途方に暮れていると見知らぬ男が「ダンサーにならないか」と誘ってきたのでついていった。夜は客を取ると教えられいやになったが、がまんして大人になった。最初に声をかけた男の下で働いていたものの、強盗の仲間であることがわかり、京都まで逃げてきた。しかし駅で一五〇〇円の有り金全部を入れた財布を盗まれ、服や時計を売り駅でうろうろしていると警察官に「パンパンガールをしているだろう」と言われ、「そんなことはしていませんと答えると、嘘つけと聞いてもらえませんでした」。そして保健所に送られた。「今度はまじめに働きたいと思っています。早くどこかで働きたいです」

戦災と病気で父母をなくした女性は、友達が教えてくれたパンパン屋で嫌々働いていた。京都に出てきて働く場所を探したが、働いた実績もなく警察に行って頼んだところ保健所を紹介してくれた。「これから女中になって一日も早く働きたい」という彼女は、パンパン時代一人三〇〇円、泊りは二〇〇〇円で、一日平均一五〇〇円から二〇〇〇円稼いだが、店に四〇円、着物と羽織で一〇〇円とられ、ほとんど残らなかったと記している。

街娼とは別に、占領軍兵士と愛人関係になった「オンリー」という女性たちもいた。彼女らは、生活費は愛人から受け取っていたが、愛人の帰国により再び街に出て相手を探したり、愛人がいない間に街に出て相手を探す「バタフライ」と呼ばれる人もいた。愛人と一緒に日本を離れる人もいたが、必ずしもその国で幸せでなかった人もいる。愛人との間の子供を、別れた後一人で抱える人も少なくはなかった。

四　アメリカンモード

†モンペから洋装へ

派手な髪型・化粧と衣服で、米軍兵士ら占領軍の外国人と腕を組んで歩く街娼・パンパンへの世間の反発は強かった。しかし、敗戦後二年余りたつと駐留軍の外国人の影響をうけて、一般の人たちの間にも新しいファッションへの関心が高まった。

一九四六年には「カムカム・エブリバディ」という英会話番組がラジオから全国に流れ、

戦時中に禁止されていた以前の生活風俗への回帰も自然に広がっていった。

髪のパーマもその一つであった。美容院は戦時中もパーマの看板を「淑髪」に変えて、木炭やカイロ灰の熱を使って細々と営業は続いていた。一九四七年には「パーマをかけただけのパサパサ、バリバリの雀の巣のような姿が街に氾濫してきたのは困ったことだ」という記事がファッション雑誌に載ったり、東京や大阪から離れた鹿児島の雑誌には「パーマ」のかけ方の説明記事が掲載されるほどであった。

服装もモンペ姿から次第に変わり、一九四八年にはファッション雑誌は「スタイルブック」の呼び名で未曽有の売れ行きをみせ、服装だけでなく装飾品にも関心が集まった。もちろん布地は高くて手に入りにくく庶民には縁遠いものであったが、あこがれであった。

「戦争中の活動的なシャツスタイルばかり見なれた眼には、ルーズなスカートのドレープやピラピラしたペプラム、それにスカートは膝下三寸位の長めのものは、何となく近代的なセンスから遠ざかっていくような、むしろ流行おくれの印象を最初は誰でも受けるかもしれませんが、これが戦争も終わった平和な街で、女性のからだの上にしっくりと着こなされると、やはり女としての柔らかい、そして優雅なシルウエットとして、やはりこれでなくてはならないような良さをもって見えるのです」

これは「アメリカンモードとは」という題名の一九四八年の雑誌記事だが、新しい時代の華やいだ感覚の文章である。「ドレープ（緩やかなひだ）」や「ペプラム（ウエストから裾への部分がふわっと広がったデザイン）」というカタカナ言葉がどの程度理解されたのか疑問に思うが。

記事の中では、「ピンと張った肩」にも注目していて、肩パットを入れた洋服を、いま流行の最大のポイントとしている。流行は繰り返すというが、バブル時代のファッションを思い起こさせる。

男性にはアロハシャツが一九四八年に流行した。これは闇市の活況のなかで世論の的になり、「アロハシャツ的文化」という題名で労働組合の月刊誌に次のような批判記事が載っている。

「終戦後のアメリカばやりという世相の軽薄さは、何と云っても勝てば官軍式の不愉快な根性の現れである。今迄戦闘帽国民服のあんちゃんが今日はアロハシヤツに紅緒の下駄で大道を闊歩する図はどう見ても植民地的で、そこからどんな日本文化が生まれるのかと思うとゾッとする」

これに対してアロハシャツ姿を擁護する記事もある。

「昨年の夏、世論の的になったアロハ・シヤツ（中略）、アロハ・シヤツが着られない程、われわれの生活が保守的であるのは淋しいことです」

服装に世相があらわれるというが、これらの記事からは当時の価値観の揺らぎが見えてくる。

†アプレゲール

敗戦後、パンパンという言葉と共に使われた言葉に「アプレゲール」がある。もともとはフランス語で、第一次世界大戦後に、既成の枠組みにとらわれない文化・芸術活動をさしたものであった。

しかし日本ではまったく違った意味で使われた。文化・芸術活動とは無縁のアロハシャツやロングスカートの若者たちの無軌道な行動を表す意味で「アプレゲール」という言葉が使われた。その象徴とも言われたのが「光クラブ」事件である。

「光クラブ」事件は、東大生の山崎晃嗣が友人の大学生と共に設立した闇金融会社で、一九四八年に派手な広告で高利の配当を謳って出資者を集め、その資金をもとに会社や商店に高利で貸し付けた。東大生がやっているということや刺激的な広告が話題となり急成長したが、翌四九年に物価統制令違反で山崎が逮捕されると「光クラブ」は一気に業績が落ち、山崎はその後服毒自殺した。

山崎は名家の生まれで東大に入学したが、学徒出陣で北海道に行った。このとき上官の指示で行った食糧の隠匿の犯人とされ、逮捕された。この軍隊時代の出来事が彼を変えたといわれる。人の醜さを見た山崎は人間不信となり、敗戦後は「人のものは自分のもの」と自分を中心に世の中を見るようになった。女性関係も盛んで自分を偽悪家として振舞った。

一九五〇年には、一〇〇人分の給料を銀行から車で大学に運ぶ途中、三人の日大職員が一九歳の同僚に襲われ金を奪われる「日大ギャング事件」も起こる。一九歳の男は一八歳の女性と親しくなり、高飛び資金にしようと強盗を行ったという。

エリート大学生や若者たちが行ったこれらの事件は、反逆という意味で世間に衝撃を与えた。

光クラブ事件に限らずアプレゲールと呼ばれる若者たちはグループを組み、闇市でひったくりや万引き、置き引き、暴行など頽廃的な行動をとった。

二〇一五年刊の『占領期生活世相誌資料Ⅱ』は「アプレゲール」について記述している。その中に警視庁の青少年の犯罪と興味ある分析がある。

「若者のいわゆる不良化の原因の一端は、戦時中の勤労動員の不良工員の言動にあり、それを見聞きした青少年が影響を受け敗戦によって行き場がなくなったことにある」

勤労動員を写真やニュース映像でしか知らない筆者は、彼らがひたすら真面目に働く姿しか思い浮かばなかったが、考えてみれば数多い人の中には「不良工員」とされる人もいるのは自然なことである。筆者は知らず知らず、戦時中の青少年や勤労者像を定型的に思い込まされていた。

一九四六年には警視庁に補導・検挙された一九歳以下の少年は前年にくらべ倍増し、一九五一年にはピークを迎え一六万人余りに上っている。ただ一九歳以下で補導検挙された少女は、少年の一〇分の一であるが、当時の雑誌には、その少女たちの行動を取り上げたものが多い。

アプレゲールは、敗戦によってもたらされた自由が、若者たちを無軌道なものへと進めたと、彼らの行動を批判的にみるものが主で、パンパンへの冷たい眼もそうした流れの中にあった。ただパンパンは目立つ服装や化粧ではあったが、基本的には男と女の一対一の関係から始まるもので、暴力の被害者になる可能性はあっても、加害者になることは稀であり、その意味では、より個人として自立していたともいえる。

†復興とパンパン

日本に進駐した連合軍のほとんどが米軍で、一九四五年一二月には四三万人余りに上っている。その後徐々に人数は減少し、朝鮮戦争が始まった一九五〇年には約一一万人になっている。

一九五三年七月の休戦まで三年余り続いた朝鮮戦争で、日本の経済は「朝鮮特需」と呼ばれる好景気をむかえた。米軍から物資や労働力の大量の発注があり、経済復興が進んだ。また朝鮮戦争中の一九五二年には連合国との間で講和条約が発効し、連合国の日本占領は終わり、日本は独立国として国際社会に復帰した。

街の復興と共に街娼の居場所もだんだん少なくなり、外国人相手の街娼は米軍基地周辺が中心になった。朝鮮戦争中は、休暇で日本に滞在する米兵が相手であった。日本人を相手にする街娼はそのまま残っていたが、「パンパン」という言葉は徐々に消えて行った。

働く人の賃金も次第に上がる。国税庁の民間給与実態統計調査によると、農林漁業も入れた全業種の男女あわせた平均給与は一九五〇年に八三四二円、一九五五年には一万五四一七円、一九六〇年には二万一六三三円と、一〇年で二・五倍以上になっている。このあと日本は高度経済成長時代を迎えていく。

この経済状態に合わせるかのように、敗戦直後の、二〇歳前後の女性が生活苦から街娼になることは少なくなったが、街娼に変わって当時はトルコ風呂と呼ばれていた現在のソープランドが盛んになっていく。街娼のピークは一九五三年ごろまでと言われている。その後は売春防止法の施行で影響で街角に立つ娼婦が一時増えたとも言われているが、どんどん衰退していった。

街娼をしていた人たちはその後どういう暮らしをしたのだろうか。「ラク町お時」のようにスッパリ足を洗った人もいたが、犯罪に関係する男と同棲したり、テキ屋、露天商と同棲したりして続ける人も少なくなかった。

雑誌のライターだった松沢呉一はインタビュー取材をもとに二〇一六年、街娼のその後を追う『闇の女たち』を著している。

ギャンブルに凝った夫に家庭内暴力を受け続けた東京の女性は、三十歳代半ばで離婚し、幼い子供を抱えて外に立った。二〇〇〇年に取材を受けたその女性は、事故で身体の調子が悪くなり客の相手がきつくなったので客引きになった。客の希望を聞き、置屋に案内し、置屋から紹介料を受け取る仕組みである。紹介する女性は日本に働きに来た外国人が多いが、客は、日本人の女性を求める人が多いという。彼女はクラブで働いていたこともあったが「水商売は出費も多いでしょ。とくにクラブはツケが多いから、お金を回していくのが大変。焦げ付いたりもするし。でも、ここだったら、経費はかからない。その場でお金をもらえる。なんていい仕事なんだろうと思った。一度やると、もう他の仕事はできないよね」と語っている。そして「働けるだけ働くつもり」と話し、孫が高校生になったその取材時も働いていた。

進駐軍がいたころから客引きをしていたという横須賀の八二歳の女性は、二〇〇一年の取材で――。

夫が酒を飲んでは暴力をふるうので二年で離婚し、友だちを頼ってやってきたという。友だちは赤線で働いていたが彼女は病気が怖くて、中の仕事はできないと客引きを始めた。売春防止法が施行される前にはあちこちに「客引き追放」という看板が立ち、警察の取り締まりも厳しく、あちこちで客引きが逮捕されたという。自ら相手をする客引きもいるというから、客引きと言っても人によっていろんな形があるという。彼女は「バブルの頃は景気がよかったけど、それ以降はさっぱり。今は全然ダメだね。年を経るごとにひどくなる。毎年、〝今年はひどい。これ以下はない〟って思うよ」と語っている。

彼女はその数年前には数人の女子高生が立っていたこともあったと松沢に話している。戦後五〇年以上経ち、慰安婦やパンパンという言葉さえ知らない少女たちが、街娼として現れるようになった。

第五章

誰が街娼になったか

一　街娼の実態調査

†酌婦という抜け道

街娼の実態調査は、先に記した一九四九年出版の『街娼――実態とその手記』がある。これは竹中勝男京都社会福祉研究所所長や住谷悦治氏らが一九四八年から一九四九年にかけ、狩り込みにあって収容された京都の中央保健所や平安病院、更生施設の紫草苑での面談による女性の各種調査が記されている。この調査はGHQ軍政部のエミリー・パトナム課長の助言を受け行われた。

また一九五〇年出版の『街娼の社会学的研究』は、一九四八年から二年かけて東京の街娼を調査したもので、矯正施設の慈愛寮と都立吉原病院の一一三人の女性の面接調査と現地調査が載っている。現地調査は一か月間の現場訓練を経た調査員によって行われ、面接調査の調査票づくりには八か月をかけている。

京都の『街娼――実態とその手記』も東京の『街娼の社会学的研究』も廓《くるわ》に囲まれた酌婦と街娼の両方を対象にしているが、調査は両者を分け、できるだけそれぞれ本来の姿に近づけるよう意識して行われている。

遊郭にいた公娼は一九四六年一月の連合軍最高司令官の「日本における公娼廃止に関する件」という覚書で、表向きは廃止されたが、自らの意思で売春をすることは禁止されておらず、酌婦・接待婦の名で、特殊喫茶店や下宿屋という名の売春宿で雇い主の管理の下で暮らしていた。酌婦とは別に、雇い主を持たず街頭で自ら声をかけて売春をしていたのが街娼である。

酌婦になった女性には経済的理由が最も多く、次いで他人に強要されたか騙されたかである。経済的理由とは、親の借金の肩代わりというかつてと同様のものや、前借金によるものであった。

「月収二万円以上の女中奉公」という広告に騙された人も多かった。彼女たちは一週間ほど留め置かれた上で、突然売春を強制された。驚いて断ると一週間分の部屋代や食事代を請求され、払えないと一日三人余りの相手をさせられ、拒否することもできなかった。しかも料金の半分は楼主に取られ、部屋代・食事代・衣装代と搾取が続くので諦めるしかなかった。性病になれば治療代は自分持ちであった。

酌婦の中には「自分で客を取ることができないために」なった人もいて、多くはおとなしく、自分の境遇を諦め、劣等感を虚勢で紛らわせようとするような人は少なかったという。

以下は『街娼――実態とその手記』に記された京都の女性の話である。

女性は募集広告につられて来て、しばらく言われるままゆっくりしていたが、ある日「部屋代、食事代が一〇〇〇円以上になっている」といわれ、売春を迫られた。

この女性は「乙女の至宝の処女膜を金一千円で闇屋の四十男の為に、涙と泣き声の中に消してなくしてしまった。身体的苦痛よりも精神的苦痛の為に、胸はしめ木にでもかけられたようであった。私は、今何かを一生懸命つかんで、新たな清い光の許で働きたいと思っている。だが不可能らしい。廓では自己の個性なんてものは考えられるものではない。

一つ一つなす私達の動作行動は、廓のお父さん、お母さんの監視命令のもとに左右されるのである」と書いている。

この女性はこのようにしっかりした文章を書ける能力を持っているが、「廓のお父さん、お母さん」の言葉に見られるように、精神的には廓の中に取り込まれてしまっている。しかしそうした酌婦たちを支えていたのは、「家族のため」や「前借金を返す」という思いであった。

街娼は生活費に迫られてという点は同じであるが、酌婦と違って一般の人たちが集まる所で客を誘っていたことから目につきやすく、廓のように「知らない世界」と思わせなかったことが女性たちのハードルを引き下げていた。また知人から話を聞くことも多く、「生活の自由」、「客の選択の自由」もあるかに見えた。

このため街娼は自分を強く見せないといけないことから、言葉づかいは時に反抗的になり、突っ張り、虚勢を張らざるを得なかった。そのことにより強い独立心が養成されていった。ただそのために一層世間の人からは、ある種の「うらやましさ」の裏返しで、極めて冷たい眼で見られたという。

†平均的な結婚年齢より若い

次に、前掲書をもとに、京都と東京の街娼の姿を見ていく。

街娼は何歳ぐらいの人たちが多かったのだろうか。『街娼――実態とその手記』にある京都の街娼二〇〇人の年齢調査では平均年齢は二一・五歳という若さである。

一五〜一八歳、二三人（一一・五％）
一九〜二四歳、一三六人（六八・〇％）
二五〜二九歳、二六人（一三・〇％）
三〇歳以上、一五人（七・五％）

この結果を見る限り、二五歳を過ぎると急減している。また、併記されている一九四八年の京都市警察局による二二六四人を対象にした調査でも、二五歳が境になっており、十代後半から二五歳未満が圧倒的に多い。

一五歳未満、九人（〇・四％）
二〇歳未満、八七三人（三八・六％）
二五歳未満、一〇二九人（四五・五％）
三〇歳未満、二一八人（九・六％）
三五歳未満、九六人（四・二％）
四〇歳未満、二九人（一・三％）

五〇歳未満、七人(〇・三%)
五〇歳以上、三人(〇・一%)
同時期の『街娼の社会学的研究』における東京の調査では、街頭面談調査による一一三人の街娼の平均年齢は二〇・〇歳だった。年齢層は一四歳から三〇歳、最も多いのは一八歳で一五%、次いで一七歳と一九歳が一三%であった。一七歳から二一歳の年齢の女性がそれぞれ一〇%を越え圧倒的多数を占めている。二一歳を過ぎると急激に減少し三〇歳では一%に満たなかった。
調査方法に違いがあるが、京都に比べ東京の方がより若い層が多いといえる。なお、この当時の結婚年齢は平均二四歳であった。
この二つの調査より一年ほど前の一九四七年の『密売淫者の精神医学的調査』(国立国府台病院)によれば、東京では一六~一八歳が二二・五%、一九~二四歳が六三・八%、二五~二九歳が八・八%、三〇歳以上が六・三%となっている。対象が病院に収容された八〇人と少ないため直接の対比はできないが、ここでも十代の多さが目に付く。

†長女が多かった

彼女らと家族の関係はどうだろうか。京都の調査二〇〇人は、両親ともに生存している人が最も多いが、それでも約三割にとどまる。
両親生存、六二人（三一・〇％）
両親死亡、五八人（二九・〇％）
母は生存、四一人（二〇・五％）
父は生存、三五人（一七・五％）
両親不明、四人（二・〇％）
片親である人、さらに両親生存でも戦場で負傷して働くことができない人も少なくなかっただろうことを考えれば、街娼のほとんどは、進駐軍用慰安所に応募した女性たちと同じように、「生活のため」がきっかけであったことは動かしがたいように思う。
『街娼――実態とその手記』は、次のように指摘している。
「夫、父親に別れた彼女たちのうえに経済的な重圧がより多く加わっていることを想わしめる。父親だけに頼る娘は、母親一人だけに頼るよりも比較的に経済的負担から免れうるであろうが、夫に死別した妻――母親――が、家族制度の封建性のゆえに、経済的に甚だしく不利な経済的状態に放置されざるを得ない日本の封建的社会的現状が深刻に察知できるのではないか」
当時の都市部では、男が働き女は家を守るという考え方が一般的であったため、女性が働く場合は賃金が低く、普通の仕事で家族を養うことはなかなか難しかった。
京都の調査は、街娼に長女が多いというデータも示している。
長女、八六人（四三・〇％）
末女、三一人（一五・五％）
一人っ子、三七人（一八・五％）
その他、四六人（二三・〇％）
この点について、『街娼――実態とその手記』は、「街娼調査で特に注目すべき問題」と、以下のように記している。
「敗戦後の日本経済の混乱と家庭生活への経済的重圧が、家庭の長女の負担となって現れていることである。長女が父母あるいはそのいずれか、乃至弟妹たちを一手に引き受けて生活闘争にあえいでいる姿が窺えるのである」
戦争で男が少なくなっていたことから、年上の長女が何とかしなければと、幼いころから「長女なのだから」と躾けられたことも頭にあったのだろう。

†家族は娘の仕事を知っていたか

京都の街娼二〇〇人のうち、不明を含めると一五五人が自宅以外で暮らしていた。

旅館、七人（三・三％）
下宿、九〇人（四五・〇％）
宿無し、五人（二・五％）
自宅、四五人（二二・五％）
不明、五三人（二六・五％）

この調査では、自宅の率が二二・五％と高いことに注目し「家庭の人々が知っているのか、知っていて黙認しているのか、親に秘密にしているのか、教育上重大な問題を提供している」としている。

一方、東京の調査『街娼の社会学的研究』では、家族と同居しているのは八・一％である。京都の二二・五％にくらべると非常に少ない。しかも東京で調査した街娼の四一％は、家族と手紙のやり取りや訪問はないとし、家族関係がもはや希薄であることを示していた。

「家族が自分のことをどう思っているか」について京都の調査は次の通りである。

心配している、五九人（二九・五％）
何とも思っていない、三三人（一六・五％）
反対している、一二人（六％）
許してくれている、一九人（九・五％）

不明、七七人（三八・五％）

「不明」と「何とも思っていない」の数字について、『街娼――実態とその手記』は、「敗戦後出現した特殊な女性の姿をうかがうことができる」としている。

親子・家族関係が希薄な女性たちが生まれているということであろうが、家族からすれば生活の余裕がないため見て見ぬふりをするしかないという事情もあっただろう。女性の側には、答えたくないという思いがあったことも推察できる。ここには「親に薦められて」という答えはないが、「何とも思っていない」「許してくれている」の中には、親に言われてという女性も含まれているであろうことは想像できる。

東京の調査では、その時点で売春をしていることを家族が知っている者は三七％であり、家族と住んでいても、その家族が弟妹や実子である場合には「知らないのが普通である」とし、「街娼とその家族との弱い結合性を指摘することが出来る」と家族のつながりの弱さに、その理由を求めている。

しかし筆者には、街娼であることを家族にいいたくないという気持ちが強いことの表われだと思える。

売春をすることについて「事前に同意を与え又はこれを慫慂《しょうよう》した家族」は一三・六％に過ぎず、残りの大部分は同意を求めておらず、家族の反対にもかかわらず売春を始めた者も少数ながらいるとしている。しかし、筆者としては、娘の売淫を認めたり、薦めたりしている家族が一三・六％もあることは驚きである。生活苦など様々な事情があったであろうことは想像できるが、家族の様子を察して街娼の道を選んだ女性も多かったであろう。

この数字からは、親の借金の肩代わりに遊郭に売られた戦前・戦中と変わらず、娘は家族の生活を維持するためには何でもしなければならないという考え方が根底に見える。女性が家族のために黙々と働くという、まさに「家族制度の封建性」である。

†街娼のくらし

東京の街娼の方が京都の街娼より家族との同居がかなり少ないが、どちらも下宿や簡易旅館を住まいにしている街娼が多いことには変わりない。

『街娼の社会学的研究』によれば、家族と離れて生活している街娼のうち、外国人相手の街娼は四三％が下宿し、一五％が簡易旅館の一室に定住している。日本人相手の場合は下宿が一〇％で、簡易旅館の一室に定住は三七％となっている。同じ調査で、街娼が住まいとする簡易旅館の広さは、三畳が七六％、四畳半が二一％であった。賃貸料は一日三三～三〇〇円で、平均は一九〇円であった。

下宿は二～八畳で平均四・八畳、賃貸料は月単位で一畳当たり一八八～二〇〇〇円、平均は七七六円で旅館よりかなり低額であるが、同時期の大学生の下宿料は、一畳あたり月三三〜二五〇円で平均は一一二円だった。

この東京の調査では、日本人相手の街娼のうち、上野駅構内を寝床にしている者が二七%にも上っていたという。この結果に、調査者自身も「驚いた」と記している。

上野駅周辺の地下道を視察した米軍の衛生担当の幹部は「自分のそれまでの人生で最も恐ろしい光景」と言ったという。天然痘や腸チフスも流行り、餓死する人よりも伝染病で亡くなる人が多いともいわれた。消毒のため殺虫剤のＤＤＴを、頭からかけられた姿の写真を見た人も多いだろう。上野の地下道を寝床にしていた街娼が少なくないことは、派手な街娼のイメージからは想像が難しい。

食事については、旅館や下宿している街娼の七三%が外食し、自炊は一八%、賄いつき下宿に住んでいるのは一〇%であった。賄いつき下宿での食費は、街娼が一日二六〇円なのに対して学生は七三円だった。また外食する街娼の一日の平均食費は三九一円で、学生の外食者の一一二円の三・五倍に相当しているとしている。

街娼への反感の一つに、派手な服装とともに贅沢な食事があげられるが、街娼が食費に多くの金をかけていたことがわかる。

†高い学歴

一九〇七年に義務教育は六年間とされ、尋常小学校は現在の小学四年まで、高等小学校はその後二年間であった。中等学校は高等女学校や中学校（旧制）である。一九四一年から一九四七年まで小学校は国民学校に名称が変わった。一九四七年に学制が変わり、文科省統計によると一九四八年の在学数は次の通りであった。

小学校　六三％
中学校　二八％
高校　七％
各種学校　一％

このように学校に通う半数以上が小学校までで、それより上の学校に進学していない。それまでの中等学校にあたる中学校の在学者は全体の三分の一に満たない。

いっぽうに京都の街娼の学歴を見ると、尋常小学校や高等小学校卒業・中退という人より、中等学校（高等女学校）卒業・中退の人が、四七・五％と半数に近い。これは一九四八年の中学校在籍者数が小学校在籍者数の半数以下であるという統計から見ても、中学校にあたる高等女学校に在籍した街娼の比率がかなり高いことがわかる。

尋常小学校中退　五％／卒業二二・五％（計二七・五％）
高等小学校中退　一・五％／卒業一六・五％（計一八％）
中等学校中退　一六・五％／卒業三一・〇％（計四七・五％）
専門学校中退　三・〇％／卒業二・五％（計五・五％）
不明　〇・五％
不就学　一・〇％

『街娼――実態とその手記』は、具体的な人数（尋常小学校・高等小学校卒業と中退が九一人、中等学校卒業と中退が九五人）も上げて、「中等学校関係が最も多く占めている」と記している。この結果について「酌婦と違って英語などを話す必要もあるためか、知識程度は一般に高い。教育があるがゆえに陥りやすいという危険性がある」と分析している。

街娼の年齢が二〇歳前後が最も多いことから見れば、街娼になったことと教育程度と一概に結びつけることは難しいと思える。一定数が家族と同居し、長女が多いこと、中等学校を卒業しても一般会社の給与が少ないことを見れば、働く年齢にあった中等学校の女性たちが街娼に向かわざるを得なかった当時の女性の労働環境の劣悪さが強く作用しているように見える。

†客を誘う街娼

東京の街娼を調査した『街娼の社会学的研究』には、一九四八年末から四九年初めの調査員と街娼の会話が記されている。

近づいてきた女が私の腕を取って「遊ぼうよ」という。「いくらさ」「七枚でいいよ」「ふん高過ぎらあ」「何さ、高かあないよ。六枚ならいいだろ」「部屋代も込みでな」「ああ」（中略）「昨日からずっとお茶っ引きなんだよ。いこうよ」（中略）「やめとくわ」と言って女の手を振り切ると、女は「場所まで聞いといて何さ」と言って私の背中をどやしつけた。

私が銀座に行こうと思って新橋のガード下を通りかかると三、四人の女がかたまっていたが、その中の顔立ちの良いすらっとした一見エグゾチックな女にいきなり腕を組まれたのには驚いた。私が「高いんだろう」と喘ぎながらいうと「ショートタイム一五〇〇円で行こう」といってどんどん私を連れて行こうとする。「高いじゃないかショートタイムなのに」と目鼻立ちの整った彼女の横顔に言う。「何でも行こうよ。あんたに惚れちゃった」と彼女はうまいことを言う。「金がないよ」といえば「オーバアもらっとくよ」としゃあしゃあしているから不安だ。私のスプリングコートは私の一帳羅だから。「いらっしゃいませんか?」と彼女が言う。「一五〇〇円か……。部屋代別で」「部屋は五〇〇円でも四〇〇円のでもそちらのいい方にしていいのよ、同じ旅館なんだから」「うん」彼女は煮え切らない私に「それじゃあお時間は?」という。時間は部屋代を別にして六〇〇円だ、私が諾すれば行くところは旭町にきまっている。

二 街娼と世間

†街娼の前職

『街娼——実態とその手記』では、両親が生存しているにもかかわらず、街娼になった女性が全体の三分の一近くと多いことから、次のように分析している。

「単に家庭の経済的苦痛だけを動機にしているのでなく、好奇心・虚栄心・良識の欠乏・判断の不明確など経済外の問題が伏在しているのではあるまいか」

このように街娼を生み出しているのは、単に経済的理由にとどまらず、進駐軍をむかえた当時の社会環境も影響しているのではないかという指摘である。同書の調査による二〇〇人の前職は、次のようなものだった。

ダンサー　二六・〇%
事務員　九・五%
進駐軍関係　九・〇%
工員　六・〇%
酌婦・娼妓　五・五%
洋裁　五・五%
手伝い　四・五%
喫茶ガール　四・〇%
看護婦　三・五%

「比較的著しく見えるのはダンサー五二人で二六%を占めており、ダンスホールは街娼への大道であるかの観がある」としつつも、多方面の職業にわたっていることから「通常の女性の職場と関係があり、それは街娼が通常の女性の陥りやすいものであることを暗示する」としている。つまり職業にかかわりなく誰でも街娼になる可能性があるということであり、また女性の賃金は低く、生活を支えるという役割の重さが長女や一人娘の心理にのしかかっていることが大きいと筆者は思う。それらを物語るのが前職の退職理由と動機である。

［前職をやめた理由］

収入が少ない　三二・五％

仕事が面白くない　四・六％

家族のすすめで　二・一％

くび（馘首）　八・七％

その他　一〇・八％

不明　四一・五％

ここでの「その他」は「人のすすめで」や「職場（キャバレー）等の閉鎖」というもの。「不明」は「職についたことがないものが大多数と思われる」と注釈がついている。

†**「やけくそで」**

［街娼になった動機について］

経済的理由　四九・六％
友人にならって　一一・九％
だまされて　九・一％
すき・あこがれ　八・三％
やけくそで　二・七％

経済的理由とは「お金が欲しくて」「食べてゆけないから」という生活のためであるが、動機は経済的理由一つだけではなく、「憧れ」とか「やけくそ」とか「友達の真似」とか「面白いから」ということも結びついていることが調査に記載されている。

注目すべきは「やけくそで」が二番目に多いことや「友人にならって」が相当数あることである。

京都市警察局の調査でも「生活苦」が最も多くなっているが、「直接の原因は他の動機と関連しているものが多く、食わんがために本業態に飛び込んだものはほんの一部であって、むしろ好奇心を直接動機とするものが大半とみられる」との警察局の観察も記載している。

戦前からの日本の女子教育は「純潔」を極めて重視するもので、「傷もの」「汚れた身体」という言葉に見られるように結婚するまでは純潔であることが当たり前とされた。

敗戦下の混乱の中で米兵からだけでなく日本人から強姦の被害にあった女性も少なくはなく、その被害者が「やけくそで」という感情になることは無理からぬ面があった。そんな時に、街中でたびたび街娼を見かけることは、心理的な垣根を取り払うきっかけになったといえるだろう。

✝街娼の収入

『街娼――実態とその手記』にある酌婦と街娼の収入は、次の通りである。

酌婦（四七年三月）平均月収　三八〇〇円
街娼（四七年六～一一月）平均月収　七〇七〇円

日本国勢要覧（昭和二七年版）の賃金統計によると、一九四七年の現金給与の平均額は男性が月額二二三六円、女性は九七一円であった。翌四八年の男性の平均現金給与は月額六一三四円、女性は二六四一円となっている。女性の賃金は男性の半分以下である。『街娼の社会学的研究』における東京の街娼の調査では、一九四八年一〇月時点で、八割を越える街娼が一か月あたり一万～四万円の収入としている。一万円未満の街娼は八％余りに過ぎず、その大半は時々街に立つ人である。

この調査では、「街娼の収入は、検挙、疾病、天候等によって波動性を示し、正確なる

1946年から1950年の月給（年平均）

	1946年	1947年	1948年	1949年	1950年
男	553円	2236円	6134円	9980円	1万1193円
女	231円	971円	2641円	4488円	5180円

（『日本国勢要覧』昭和27年版）

数字を算出することは極めて困難である」とした上で、信用できる数字として、日本人相手の街娼は月収二万一七〇〇円～二万八七〇〇円、外国人相手の街娼は二万六七〇〇円～四万四〇〇〇円で、外国人相手の方が三割ほど多いとしている。

さらに東京の各地の一回あたりの売春料金が示されている。

それを見ると、日本人より外国人相手の方が売春料金は高く、最高と最低の差が大きいこともわかる。日本人相手の多くの相場は三〇〇円から五〇〇円となっているが、一九四八年の男性の平均収入は月額六一三四円であることを思えば、一回あたりの料金が平均月収の五％弱～八％強と、かなり高額だったと言える。街娼の相手客は闇市で店を開いている人たちや会社・商店の経営者や役員であった。

低賃金の一般女性について、『街娼――実態とその手記』で住谷悦治は、「男性より低廉の賃金で雇いうる至極便利な資本主義機構内の人間機械としての役割を果たしている赤裸々な側面を見失ってはなるまい」と述べている。

東京各地の１回あたりの売春の料金（1948年10月、単位円）
日本人相手

		最高	最低	相場	平均
上野	戸外	500	100	300	246～300
	戸内	800	200	300	390～421
新宿	戸外				
	戸内	700	200	500	425～457
有楽町	戸外				
	戸内			500	500
新橋	戸外			800	800
	戸内				

外国人相手

		最高	最低	相場	平均
上野	戸外	600	300		400～500
	戸内	1000	600		800
新宿	戸外			500	500
	戸内	700	500		600
有楽町	戸外	900	300	500	478～600
	戸内	900	300	500	500～583
新橋	戸外	900	500		600～800
	戸内	900	500		575～725

注　戸内は双方とも借室料金を除く（借室料金は100～400円で買春者負担）。『街娼の社会学的研究』より

このように街娼の月収と一般女性の月収の差は極めて大きく、女性が生活のために街娼に向かいやすい社会状況であった。食糧不足のせいもあり、一九四八年上旬の闇の価格では、ジャガイモ四キロが一〇〇円、卵は四個で九二円、リンゴは二個で八〇円であったという記録がある。

街娼たちは稼いだ金をどのように使っていたのだろうか。

酌婦は六五％近くが貯金や送金しているが、街娼では一〇％余りに過ぎず、街娼の主な使い道は食費で、「彼らの激しい買い食いぶりは我々の良く目撃するところである」としている。

貯金や送金している酌婦が六五％近くいるのに対して、街娼では一〇％余りという結果はどう見ればよいのだろうか。この調査では、先に見たように街娼のうち二二・五％が自宅に住んでいる。この場合は貯金や送金より家族の生活に使うことが多いのであろう。

街娼の貯金や送金する人の割合が低い理由はそれだけだろうか。

衣装代や化粧品代、外食などに金がかかることもあるだろう。また家族と離れて生活している街娼が多いとの調査結果と合わせて見れば、稼業につけこまれて家賃が高くなること、下宿の食費が高いことなどもあるだろう。もともとの動機が「経済的重圧が家庭の長女の負担」で街娼になったとしても、街娼になったあとは環境により家族のためという考えが変わってしまったと見えないこともない。

調査では貯金や送金について深く分析していないが、街娼になった動機と同様に単純なことではないと思われる。

三　インフレと食糧不足

†闇を食わない犠牲

敗戦後の日本社会は住まいもなく、加えて激しい食糧難であった。配給はあったものの量は限られ、闇米に頼らざるを得なかった。同時にインフレが激しい速さで進行していた。インフレの激しさは国家決算の変化を見るだけでも容易に想像がつく。大蔵省（現・財務省）の資料で当時の決算額を見るとインフレのすごさがわかる。

一九四六年には前年の一九四五年の五倍強、四七年には一〇倍近く、四八年には二〇倍以上にも膨らんでいる。このように戦災復興による支出が増えていることを考えても、一九四七年の国家決算は四六年の二倍に、一九四八年度はさらにその倍以上にと、年ごとに倍々に膨らんでいる。

財務年度ごとの国家決算（年度、単位＝億円）

1945	1946	1947	1948	1949	1950
215	1152.1	2058.4	4619.7	6994.5	6332.9
−	5.4倍	9.6倍	21.5倍	32.5倍	29.5倍

インフレ抑制のため政府は一九四六年二月に預金封鎖して新円に切り替え、月々に引き出せる額を制限した。標準世帯の引き出せる金額は一か月に世帯主が三〇〇円、家族は一人一〇〇円だった。給与は新円が五〇〇円までで、それ以上は預金に振り込まれた。「五〇〇円生活」が強制され、食糧不足に輪をかけた。

インフレが進むと同時に食糧不足はより深刻になった。特に一九四五年は記録的な凶作となり、コメの収穫は平年の四〇％近く減って六〇〇万トンを切った。

戦時中に始まった配給制度では、一九四一年当時、一日のコメの量は一一歳から六〇歳までは三三〇グラム、六一歳以上には三〇〇グラムと定められていた。この量は一人あたり必要とされた消費量の四分の三程度だった。しかも配給のコメは玄米や乾麵などの代用品に変わり、また配給が遅れることが日常茶飯事になっていた。敗戦により食糧事情はさらに深刻化し、コメ不足は戦中以上に深刻になっていた。一〇〇〇万人が餓死するという噂までが広がったほどであった。食べられる雑草やその料理の仕方も盛んに紹介された。

"闇を食はない"犠牲
亀尾東京高校教授の死

政府に配給責任

毎日新聞1945年10月28日

毎日新聞は一九四五年一〇月二八日に「"闇を食はない"犠牲」の見出しで、東京高等学校（現・東京大学）教員でドイツ文学者だった亀尾英四郎教授の死を伝えている。

戦時中、政府は「買い出しをするな」と呼びかけ、亀尾教授はこれを支持し、いやしくも教育家たるものは裏表があってはならないと闇食糧には手を出さず、妻と六人の子を配給物だけで養っていた。庭に二坪の畑を作っていたが、敗戦の年の一〇月一一日に栄養失調で亡くなった。

日記の終わりには「国家のやり方が分らなくなって来た。決められた収入とこの配給では今日生活はやっていけない」という意味のことが記されていたという。

†闇米なしでは死ぬ時代

当時の厚生省（現・厚生労働省）が行った栄養調査によると，一九四六年の年間平均は国民一人あたり一日一七二一キロカロリーで、翌四七年は一八五六キロカロリーと一三五キロカロリー改善している。しかし二一五〇キロカロリーの標準必要量に比べると、農村はほぼこれに接近したが都市はなお約一四％、二九〇キロカロリーの不足であった。なお現在の標準は二六〇〇キロカロリーとされている。

このカロリーは配給だけで賄われたものではなく、配給は約五六～六七％に留まり、約二九～三八％は自由購入により，約二～四％は自家生産によるものだった。つまり人々は闇での購入で三割から四割の食糧を手に入れていた。特に卵などの動物性たんぱく質は大部分が自由購入にたよっている。

栄養調査によると、体重が減少した人は都市部では六七％に及んでいる。その結果、貧血や浮腫の身体的症状を示す人が多くなっている。特にこの調査では母乳分泌不足が一九四六年より四七年の方が増えてきており、四七年では二四～三〇％にもなっている。

このように、人々は闇市に頼らざるを得なくなっていた。物価統制令によって定められたコメの公定価格に対する闇の値段は、コメが凶作だった一九四五年一〇月には最大四九倍にまでなった。

配給も遅れ、朝日新聞の一九四六年六月一二日には「遅配は平均一八・九日」の記事がある。記事には六月一〇日時点の都内の遅配状況の一覧があり、青梅二五・一日、城東二三日、下谷二二日など二〇日以上遅れている地域も少なくないことがわかる。

あらゆる食料品は闇市に流れ、公定価格の五倍から一〇倍の値段で売られていた。『東京都政五十年史「通史」』によれば、一九四五年一一月、ブリ三七五グラム公定価格二円七〇銭が闇では三〇円以上に、イワシ三七五グラム公定価格二円が一四円に、コメは一〇キロ三円五七銭が、三三〇円と公定価格の一〇〇倍近くになっていた。

配給にだけ頼り亡くなった人は前出の亀尾教授の他にも、佐賀県白石町出身の山口良忠という東京区裁判所の裁判官のことはよく知られている。

白石町のホームページには山口判事について以下のように記されている。


主に闇米等を所持していて食糧管理法違反で検挙、起訴された被告人の事案を担当していた。配給食糧以外に違法である闇米を食べなければ生きていけないのにそれを取り締まる自分が闇米を食べていてはいけないのではないかという思いにより、一九四六年(昭和二一年)一〇月初め頃から闇米を拒否するようになる。

山口は配給のほとんどを二人の子供に与え、自分は妻と共にほとんど汁だけの粥などをすすって生活した。自ら畑を耕してイモを栽培したり栄養状況を改善する努力もしていたが、次第に栄養失調に伴う疾病が身体に現れてきた。

しかし、「担当の被告人一〇〇人をいつまでも未決でいさせなければならない」と療養する事も拒否した。そして、一九四七年八月二七日に裁判所の階段で倒れ、九月一日に二件の判決を言い渡した後、同月七日に白石町(昭和一一年四月一日町制)へ帰郷し療養するも、一〇月一一日、栄養失調に伴う肺結核により三三歳で死亡。

✝米よこせ運動

人々は食糧や衣服を闇市で手に入れなければならなかった。地方の農家への買い出しも盛んであった。買い出しと言っても、着物や帯とコメやさつまいも、ジャガイモなどとの物々交換であった。その買い出しに警察の手入れがあった。共同通信は「一九五一年七月三日、東京・上野駅で警察官による闇米の一斉手入れ。乗客は手荷物に隠し持っていた米を没収された」と伝えた。買い出しの人と警察のいたちごっこが繰り返された。

「米よこせ運動」が各地で起こり、一九四六年五月一九日に皇居前広場で「飯米獲得人民大会」いわゆる「食糧メーデー」が開かれ、労働者や主婦ら約二五万人が集結して配給の遅れなど食糧事情の窮状を訴えた。

　この「食糧メーデー」で有名なのは様々なプラカードの中にあった「詔書　国体はゴジされたぞ　朕はタラフク食ってるぞ　ナンジ人民飢えて死ね　ギョメイギョジ」である。このプラカードは不敬罪にあたるとしてこれを掲げた人が起訴され、名誉棄損罪で有罪となったが、新憲法公布による大赦で免訴になった。

　日銀の「卸売物価指数年表」によると、一九三四〜三六年を一〇〇とした食料品物価指数は、一九四六年には一三六九・七と一三倍に、四七年には四七一一・九と四七倍に、四八年には一三六九二・二と一三六倍になり、一〇〇倍を超えた。四九年には二三三七六・八と二三三倍にもなり、五二年には三一七三四・二と三一七倍というとてつもない上昇を見せている。その後はようやく三〇〇倍台で落ち着いている。

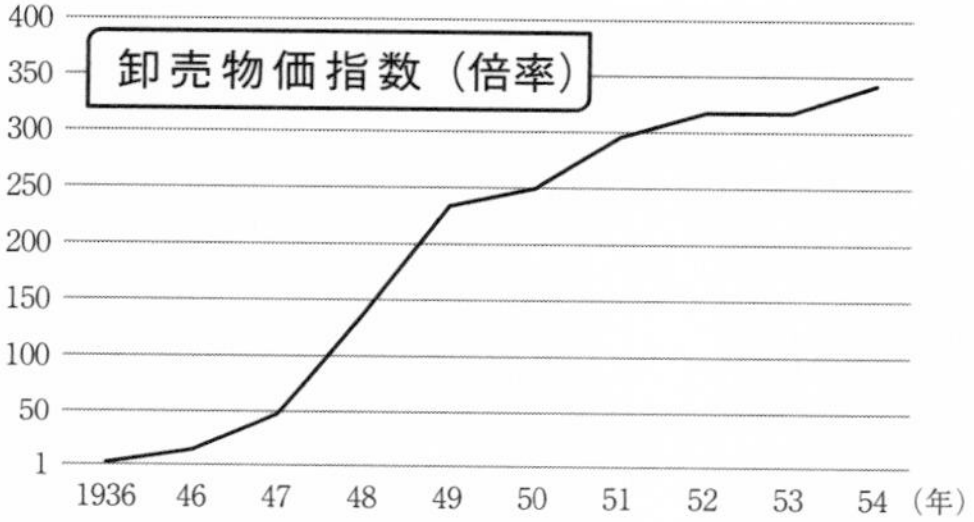

　こうした社会情勢の中で、派手な衣装で贅沢に飲み食いする街娼に、世間の目が冷たくなるのも当然のことであった。

四　遊郭と街娼、世間の眼の差

†「遊郭・娼妓」必要、「街娼・パンパン」不必要

一九四七年五月に憲法が施行され、基本的人権と個人の尊重が謳われ、国はそれを保障する責任を負うことになった。個人がお互いを人として尊重するのがその根底にある。しかし日々の暮らしに精一杯の人々は、売春する人を同じ人として見る余裕はなく、自分と違う目立つ人への反感は強まった。その一つが「パンパン」や「やみの女」と呼ばれた街娼であった。

国立世論調査所が一九四九年一月～二月にかけて関東の二三〇〇人（有効回答一一九五人）と仙台の四〇〇人（有効回答三三二人）を対象にした「売春に関する世論」によれば、街娼と遊郭の娼妓との間には、世間の見方の違いが明確に表れている。この調査は売春防止法に関連して行われたものであるが、結論から言えば、パンパンはなくすべきだが、場所が定まっている遊郭はあったほうがいいとしている。

調査結果の分析では「「パンパン」のあくどい化粧や態度、ちぢれ髪、どぎつい洋装は

親しみもなく目ざわりで、街頭を闊歩する「パンパン」は一般の善良な子女に悪い感化を与えるが、昔ながらの遊郭は秩序もあり、人目にもつかない。それゆえ社会悪、無秩序、頽廃の意味を含む売春という言葉は、娼妓ではなく、「パンパン」にあてはまるものと考えられている」と結論を下している。次にその調査を抜粋してみた。

　パンパンについて「どんなかんじをもっているか」は、「反対的」という感じを持っているのが半数以上で、「同情的」、「どちらともいえない」、「別に感じない」をはるかに上回っている。ただ「別に感じない」は二〇%を超えている。娼妓については「反対的」と「同情的」が互いに近い数値を示し、「別に感じない」が四〇%を越え、最も高くなっている。

「弊害があるか」については、九〇%を超える人がパンパンについては「ある」と答えている。娼妓についても「ある」としている人が七七%に上っている。

「必要性があるか」については、パンパンを「不必要」としたのは七〇%を超えている。それに対して娼妓については「ある」と回答した人は、「不必要」とした人の倍以上の七〇%近くの数字だった。

　この結果を見る限り、街娼や娼妓について「弊害がある」としている人が過半数を大きく超えているにもかかわらず、娼妓については「必要性がある」としている人は七〇%に

「どんなかんじをもっているか」

	同情的	反対的	どちらともいえない	別に感じない
パンパン	16.9%	51.4%	8.2%	23.5%
娼妓	24.4%	27.3%	5.6%	42.7%

「弊害があるか」

	ある	ない	不明
パンパン	90.1%	0.3%	9.6%
娼妓	77.3%	9.2%	13.5%

「必要性があるか」

	ある	不必要	不明
パンパン	19.2%	72.9%	7.9%
娼妓	69.6%	21.8%	8.6%

上っている。どちらに対しても否定的な回答が多いが、娼妓については、弊害はあるものの必要としている人が多く、売春の形態によって認めるか否かの態度の違いがあることがわかる。

動機面についての推測は、街娼と娼妓とも同様の結果になっている。特に生活難や経済面、敗戦の結果や時代の必然など社会的要因だと思っている人が六〇%近くに上り、個人的動機と考える人は一七%弱である。

このように世間では、街娼も娼妓も、なりたいと思ってなっているわけではないと見ている。それにもかかわらず、街娼（パンパンや「やみ

どんな動機でパンパンや娼妓になったと思うか

環境（経済的・家庭的・時代）	環境と個性	個性（好奇心・感情・欲望等）	わからない
59%	20%	17%	4%

パンパンに限った場合の動機はどうか

社会的動機（生活難・経済的原因・敗戦の結果・時代の必然・家庭の不和など）	個人的動機（好奇心・虚栄心・贅沢等意志薄弱・怠惰・無自覚など）	両者またはどちらともいえない	不明
59.4%	16.7%	19.8%	4.1%

の女」）については「反対的」な感情が強く、娼妓についての反対感情は必ずしも高くなく、同じ売春婦に対しても違いがあることがわかる。これらの結果について「風紀に関する世論調査」では次のように分析している。

「パンパンに反対的なものの、過半数は遊郭では同情的または不明となっており、遊郭に同情的なものの中では、むしろパンパンに反対的なもののほうが多いことをみても、一方に同情的なものが必ずしも他方に同情的とはなっていないことがわかる」

また売春禁止条例ができていた仙台との比較で、東京は明らかに売春行為に好意的であり、仙台は東京以外の関東と似たような結果であったとしている。

この調査からは、世間がパンパンとよばれる街娼を目障りだと感じていたことがわかる。米軍人と連れ立って歩く派手な服装と化粧の女性の、街中で目立つ食事の様子などから、社会の混乱を否応なく見せつけられ、それが敗戦後の心の折れた人たちの感情に障り、反感となって表れていたことが想像できる。

遊郭の娼妓については、借金のかたに売られたという古くからの一般的な見方が同情を生むとともに、遊郭が特定地域に限定され、普通の人たちから隠されていたことが、一般の人たちの関心の外に置くことができたといえる。それは娼妓に「どんなかんじを持っているか」について、「別に感じない」が四〇％を越えていることからもわかる。知ってはいるが見えなければよい、見ようとはしないというのは、現在の私たちの感覚とも共通する。

†世間の眼

『街娼の社会学的研究』における一九四八年一一月～一二月の面接調査のコメントには、「街娼に対する感情は女スリに次ぐ強い否定的態度を示し」という一文があり、それを裏付ける調査「隣人としてもかまわない」職業のアンケート結果が載っている。

街娼　六・一％
娼妓　二一・三％
芸者　四三・一％
社交喫茶店女給　五八・一％
ダンサー　五九・二％

この調査当時、芸者、社交喫茶店女給、ダンサーの中には売春行為を行っている者も少なくなかったが、街娼は派手な衣装で自分の部屋に相手を連れ込むこともあったからか、隣人としたくないという拒否感が非常に強いことがわかる。

この拒否感の強さは、「出来れば国外に追放すべきである」という質問とその回答結果にも表れている。国外追放すべきという意見は、街娼の三六・一％に対して、娼妓およびダンサーはそれぞれ七・一％、芸者および社交喫茶店女給は〇・八％と、街娼ほど強く拒否感を抱かれていない。

また、娼妓に対して「隣人としてもかまわない」が二一・三％と多くはないものの、「出来れば国外に追放すべきである」とまで思う人は七・一％と、街娼（三六・一％）に比べれば高くはない。ここからも派手な格好で男に声をかけ旅館や下宿でからだを売る街娼に対する嫌悪の感情の激しさが見える。

この結果について、同書は以下のように論評している。

終戦直後の街娼、特に異民族を客体とした者に対する一般の反対感情には強いものがあり、中には面前に於いて嘲笑し、罵詈雑言を浴びせ、甚だしきは街娼であるという理由のみによって殴打する者もあったが、異民族との接触によって了解の度が増すに従い異民族から敵としての観念が分離し、反対感情の積極的表明は街娼を見慣れるにしたがって消極的態度に転移するに至ったのである。

都会人は「隣に住んで貰っては困る」といっても隣家の街娼を転居せしめる行動をとらないし、「国外に追放すべきである」と唱えても之を具体的に実施することは自己とまったく無関係のものと考えている。従って現在［一九四八年末］では彼らの街娼に対する顕在的態度が消極的否定を伴う劣等評価と接触回避の態度を示す「白眼視」以上に出ることはほとんどない。

つまり、戦後設置されたRAAがオフ・リミットとなったため街頭に立つようになった街娼（パンパン）は、数年の間に直接的な侮蔑行動を受けることは少なくなったものの、一般の人の感情は変わっていないと分析している。

†基地の近くの子どもたち

アメリカ兵と連れだっている街娼を、子供たちはどう見ていたのだろうか。

一九五三年刊行の『基地の子――この事実をどう考えたらよいか』には一九四七年ごろの進駐軍の基地近くの子どもたちの作文が掲載されている。作文には、なぜかわからないが嫌な気持ち、という子ども心が素直に書かれている。いくつかを紹介する。

横須賀の小学四年の女子児童は「パンパンを入れないで」と次のように書いている。

わたくしの家では、パンパンにおへやをかしています。（中略）私ははじめのうちはそれほど感じませんでしたが、だんだんいやになってきて、母にかすのをよしてといったりしています。いくらなにをくれても、いやになりました。アメリカの兵隊さんとおつきあいをしている人は、みんなたいてい両親のない、かわいそうな人たちばかりだそうです。きっと親がいないとぐれてしまって、ああいうふうになってしまうのでしょう。私はクラスのみんなに、パンパンが私の家にいるということをかくしているのです。みんなが家の前を通っていくので、毎日、毎日ひやひやしてしまう。（中略）横須賀から、早くあんな人はおいはらってください。わたしは、そのことばかり毎日考えています。

この子は「パンパン」に大人たちが向ける視線を十分感じているのだろう。「パンパン」に部屋を貸していることが知られないかとびくびくしている辛さが痛いほど伝わってくる。

大阪の小学二年の男子児童は「ぼくとこのパンパン」と家の様子を書いている。この二年生の子は、「性」を知らないだろうが、何か嫌だという気持ちが表れている。

ぼくとこのいえはパンパンごやです。よるはやかましくてねむれません。あっちのほうから、らじおがきこえてきます。パンパンはしんちゅうぐんとだきつきます。ぼくはあんなのきらいやとおもいます。

ぼくとこのものおきからみているると、にかいのパンパンとしんちゅうぐんときっすしています。ちょっとしてから、パンパンがぼくとこへきて、ちんちんがいたいといいました。ぼくとこがくすりをあげました。そのことは、おとうさんやおかあさんに、ひとつもゆうていません。

また、ぼくがものおきへいって、パンパンとするのをみていました。パンパンはくすりをつけて、ちんちんにぬりました。それをみて、ぼくはいやなとおもいました。そのひとは、もうくびになりました。そのへやへ、まただれかきています。

東京西多摩の小学六年の男子児童は生意気なパンパンへの反発心を書いている。

チンチンと自転車のベルが鳴った「ちょいと　あぶないってば。」とまっかな口べにをつけて目玉をぎょろぎょろさせたパンパン。

「ちょっと　どいてください」というならいいが、何いってやがんだ。人をばかにした声を出すな。

しゃくにさわって「何を、パンパンのぼけなす野郎」

福岡の小学三年の女子児童は、混血である自身の思いを綴っている。

私は、今おばさんのうちにいます。お母さんと一しょにくらしたいのだけど、くらすことができません。お父さんは、アメリカの人です。ずっと前、お父さんが日本にいた時は、私をひざの上にだいてくれたり、きれいな洋服を買ってくれたり、チョコレートを「さあ、おあがり」といって、わけてくれました。あの時はよかったのに、アメリカにお父さんが帰ってから、私はかなしいことがつづきます。（中略）

友だちが私のよこで「パンパンの子」というのでなきました。先生にいいにゆきました。先生が友だちをよんで話してくれました。それから「パンパンの子」といわなくなりました。一番いったのは吉田さんです。

おかあさんは、パンパンだったのでしょうか。私にはわかりません。「おばさんにきいてみようか」と思いましたがよしました。なにかゆわれるのできらいです。

この三年生の子は自分が他の子と違うこと、さらには愛する母が世間で馬鹿にされる「パンパン」だったかもしれないと誰にも聞けない心配を抱え込んでいる。今でこそ国際結婚が多くなっているが、それでもなお私たちには混血児を特異な目で見る人が少なくないのではなかろうか。特にアフリカ系の人たちを低く見る姿勢はそう変わってはいないように思える。

佐世保の小学六年の女子児童はパンパン遊びについて書いている。

一週間ほど前、私が海岸にお使いにいっていると、小さい子供が、あんたがパンパン、ぼくがアメリカさんよ、といって、二人手をつないで遊んでいるのを見ました。
私は、小さい子供までがそんなことをして遊ぶのも、パンパンのせいだと思います。だから、パンパンは早くいなくなるといいがなあと、いつも思います。

†母娘でパンパン

『基地の子』には中学生の作文も載っている。小学生たちが、自分たちが見たこと言われたことや感情を飾りなく書いているのに対して、中学生になるとある程度事情がわかっていることもあり、内容は複雑だ。パンパンへの反発はあるものの、その環境に思いを馳せるものも少なくない。

母子でパンパンになった家庭について、「母は（パンパンを）やめて、一番上の娘をパンパンに仕上げたのですが、その娘が、なんと一七歳の少女ではありませんか」と驚きと同時に憐憫の情を抱いている。また別の生徒は、「パンパンばかりをにくむわけにはゆかない。この人達にもいろいろなわけがあるに違いないのだから」と記している。

特に多いのは「混血児」に関する思いである。ちょうど多くの「混血児」が小学校に入学する時期であったこともあるのだろう。

ある生徒は「おとうさんやおかあさんを、どう考えるのかしら。自分の友だちとちがう目の色、髪の毛を見て、どんなに恥ずかしい、情けない思いをするのだろうか。私はひとつひとつ考えたが、どれとして、前途にあかるいものはなかった」と書いている。

またある生徒は「現代の女性は心のすみにも日本女性の誇りはなくて、ただ、みえと派手な生活のために日夜あけくれしているように見えます」とする一方で、「大ていの混血児はじっとその目をみつめていますと、なんとなく、周囲の人々に対して、常に不安をいだいているように見受けます。むじゃ気に、天真らんまんに遊んでいる子供たちにまじっていても、嬉々とした子供らしさのないことなのです」と複雑な心情を表している。

『基地の子』は清水幾太郎・宮原誠一・上田庄三郎が一九四七年末に全国の基地周辺の小中学校に呼びかけて、二か月で集まった一三〇〇点余りの作文から編集した。出版した神吉晴夫は「刊行のことば」で当時の社会の現状と将来に強い危惧を述べる。

わたくしは今、この子どもたちの素朴な訴えを読んで、「与えられた独立」の悲哀を痛感しております。これはもはや「祖国の中の異国」などと言ってはおられぬと、暗い思いをめぐらしているのであります。あなたは、はたして、この事実をどうお受けとりになったでありましょうか。わたくしは『基地の子』の出版が機縁になって、この父祖の国の現状について、いよいよ活発な発言と論議のおこなわれますよう願って止みませぬ。

この刊行の言葉は、子供たち、特に中学生たちの願いと同じである。焼け跡だけが残った敗戦の街。そして抵抗することができない占領という、かつて経験したことも考えたこともない事態。戦地から帰った兵士も傷を負って身体の不自由な人が多く、人々は生きるためにどうすればいいか、毎日の食べ物を確保できるかどうかだけを考えていた。

街娼は、そんな社会で女性たちが見出した生きるすべであった。この刊行のことばは、多くの困難を抱え、さまざまな問題が絡み合った社会で、解決の道を見いだせない当時の人たちのやりきれなさや切実な思いをそのまま書き表している。

五　近現代日本人にとっての売春

†芸娼妓解放令の抜け道

日本では一九五六年（昭和三一年）公布の売春防止法により、組織的売春は禁止されている。しかし、吉原の「おいらん道中」で知られるように日本の売春の歴史は古く、それは長く容認されてきた。

一八七二年（明治五年）に「人身売買禁止、芸娼妓解放令」が布告された。ペルーの汽船から逃げ出した中国人のクーリー（苦力、労働者）があまりの虐待に耐えかねて訴え、イギリス軍艦に助けを求めたことに端を発している。事案は日本側に委ねられ、「奴隷売買は国際公法違反」の判決が下された。その裁判でペルー側は「遊女という奴隷が日本では人身売買されている」と反論したこともあって、「芸娼妓解放令」が出された。これは人身売買の禁止、芸娼妓の解放、前借金の棒引きなどの画期的なものだった。

しかしこの解放は世論の盛り上がりから起きたものではなく、また娼妓たちは解放されても経済的基盤の用意もなく、帰る先もなく、たとえあったとしても、もともと娘を売らねばならなかった家では戻ったところで食べる口が増えるだけであった。

業者は間もなく貸座敷の形をとり営業を再開した。表向きは娼妓の自由意思による個人営業で、座敷を貸すという形式であった。

一九〇〇年（明治三三年）、「人身売買禁止、芸娼妓解放令」から二八年後、内務省は「娼妓取締規則」を制定し、公娼制度は復活した。

日本の娼妓は国内に止まらなかった。いわゆる「からゆきさん」である。からゆき＝唐行き＝外国行きである。一九二〇年代にかけて海外で売春に従事した日本人女性のことである。

からゆきさんの悲劇が一般に認識されるようになるのは、一九七四年の映画『サンダカン八番娼館　望郷』がヒットしたことによるところが大きい（原作は一九七二年刊行の山崎朋子『サンダカン八番娼館――底辺女性史序章』）が、一九一〇年代には、二万二〇〇〇人ものからゆきさんが朝鮮・台湾を除く海外にいたといわれる。東アジアを中心にアメリカのカリフォルニアにも行ったからゆきさんには、貧しい農漁村出身の娘が多い。彼女たちは、人身売買や誘拐同然の手口で集められ、海外に輸送された。

†廃娼運動の高まり

廃娼運動を推進する人々は、からゆきさんを「国辱」たる「海外醜業婦」とよんで取締強化を訴えた。一九二五年（大正一四年）、日本は女性・児童売買禁止条約を批准し、人身売買は禁止された。これをうけ、からゆきさんのなかには条約適用外の満州に向かった者もおり、一九三一年に十五年戦争がはじまると従軍慰安婦になるものも多かった。

連合軍最高司令官は一九四六年一月に日本政府に「日本における公娼廃止に関する件」という覚書を出しているが、日本政府は個人の意思による売春は禁じておらず明治時代のような売春行為が繰り返された。

新憲法により女性の参政権が認められ、一九四七年の第二回国会で、売春等処罰法案が提出されたが、厳格すぎるとして審議未了、廃案となった。

しかし連合軍最高司令官が一九四六年、日本に出した覚書を、政府はまったく無視していたわけではない。一九五〇年四月に吉原で行われた「おいらん道中」に関する対応にそれが見える。

「おいらん道中」はニューズウイーク誌で、短い記事であるが米国でも紹介された。それを知った人の投書が新聞に載り、投稿者は国家公安委員会に意見書を出し、娼婦による示威行進である「おいらん道中」は、「吉原」の汚名を世界に知らしめる断じて許されないと対応を求めた。

吉原のおいらん道中は一九一五年に中止され三五年ぶりに特殊飲食店の組合が主催して、復活されたものだった。国家公安委員会は、おいらん道中復活の経緯をGHQの指導も示して警視庁に調べさせた。警視庁は「浅草復興祭における一つの懐古的行事としての仮装行列として集団行進及び集団示威運動に関する条例による届出を受理したもの」であり問題はないという報告を行った。国家公安委員会は、吉原の「特殊飲食店」は奴隷的拘束から解放された女性が働く場であるという実態と違う形式論にのっとってその報告を容認した。

こうしたこともあり女性議員を中心として赤線の廃止の声は高まり続け、その後も一九五五年(昭和三〇年)にかけて、同様の法案が繰り返し提出された。これらは議決の結果、いずれも廃案となった。

一方で、一九五五年一〇月七日最高裁判所において、酌婦業務を前提とした前借金契約を公序良俗違反として無効であるとの判例変更がなされるなど、売春を容認しない社会風潮は着実に広がりつつあった。

†売春防止法の制定

一九五六年(昭和三一年)、第四回参議院議員通常選挙を控える中で、第二四回国会が開催された。自由民主党は、売春対策審議会の答申を容れて、一転して売春防止法の成立に賛同した。法案は五月二一日に可決成立した。売春防止法は罰則をのぞき一九五七年四月から施行された。

売春防止法は次の内容である。

(目的)

第一条　この法律は、売春が人としての尊厳を害し、性道徳に反し、社会の善良の風俗をみだすものであることにかんがみ、売春を助長する行為等を処罰するとともに、性行又は環境に照して売春を行うおそれのある女子に対する補導処分及び保護更生の措置を講ずることによつて、売春の防止を図ることを目的とする。

（定義）

第二条　この法律で「売春」とは、対償を受け、又は受ける約束で、不特定の相手方と性交することをいう。

（売春の禁止）

第三条　何人も、売春をし、又はその相手方となつてはならない。

このように、自らの意思で金銭を対価に不特定多数と性交することを禁じると同時にその相手となることも禁じている。罰則は次の通りである。

第五条　売春をする目的で、次の各号の一に該当する行為をした者は、六月以下の懲役又は一万円以下の罰金に処する。

一　公衆の目にふれるような方法で、人を売春の相手方となるように勧誘すること。

二　売春の相手方となるように勧誘するため、道路その他公共の場所で、人の身辺に立ちふさがり、又はつきまとうこと。

三　公衆の目にふれるような方法で客待ちをし、又は広告その他これに類似する方法により人を売春の相手方となるように誘引すること。

また売春をあっせんしたものや騙して売春させたもの、また前貸しなどに罰則が課せられる。

この法律は、売春の相手方についての罰則はない。また第三条の「何人も、売春をし、又はその相手方となつてはならない」という規定は精神を示した訓示規定で罰則につながらない。現在取り締まりが行われているのは管理売春というもので、女性を管理し売春をさせることを仕事としている場合である。この場合、売春をした女性は弱者保護の意味で処罰の対象になっていない。また立証の難しさもあり、現在もソープランドやデリバリーヘルスという形で売春が残っているのは、そんな事情がある。

ただし現在は一八歳未満の未成年との「売春」は児童買春、児童ポルノ禁止法で買った側は処罰される。

売春防止法が施行された一九五七年（昭和三二年）に売春汚職が発覚した。

赤線業者の業界団体である全国性病予防自治連合会の業務上横領事件を捜査している過程で国会の法務委員や売春対策審議会委員に工作費がばら撒かれていた容疑が浮かび上がり、東京地検特捜部は、全国性病予防自治連合会の理事長や副理事長ら幹部を贈賄の疑いで逮捕した。

そして売春防止法案の審議で業者に有利になるよう働きかけたとして、自民党の三人の衆議院議員が逮捕された。

売春防止法が成立するまでには最初の提案から一〇年かかっており、ＧＨＱの指導による公娼廃止後も特殊喫茶店や特殊飲食店と形を変えて続いていた売春には、様々な利益が絡み、法律で処罰することに業者や政治家の抵抗があったことがわかる。売春汚職事件はその象徴ともいえる。

第六章

戦争と性犯罪

一　日本軍と慰安婦

†東京裁判

一九八四年刊の『ドキュメント　昭和二〇年八月一五日』に、作家・大佛次郎が東京裁判を傍聴した「東京裁判の判決」という文章がある。大佛は「聴いていて一番つらかったのは、日本軍の残虐行為のくだりであった」と書く。

この民族的な汚点を世界の目から拭い去るのに、これから何十年の歳月を要するか私は知らない。実に聞くに堪えなかった。しかし、聞かねばならない。

（中略）

どこから、そんな行為を侵し得る血が湧いて出たものであろう。何故そんな状態に人間が入るのを、指揮者たちがとどめ得なかったのであろう。確かに、この一事だけで、文明の前に、否、汚された日本の名誉のためにも、人は極刑を甘んじて受けねばならない。

（中略）

実は無知で野蛮だったのである。戦争とは否応なく殺傷するもの、と妄信させられていたのである。

（中略）

私たちの信頼してきた日本の文明の力が、いかに無力だったのかを痛切に思う。何もかも、これで毀れた。そう告白せざるを得ない。悲しいことだ。しかし、目を背けてはいけない。これは敗戦以上の惨憺たることだ。明日の為に正しく一人一人がこの事実を直視しなければならぬ。狂乱状態に陥っていたものとしても、その狂いうる血の原因を見直さねばならぬ。

そして大佛は、「日本人は浮浪児を見ているだけ」と英国人に言われたときの心情を、「自分を忍んで他人の不幸を見てやるだけの積極的な愛情がないのである。可哀想にとは見るが何もできないと云う様に踏み止まっているのである」と記している。

大佛のこの気持ちを戦後八〇年近くになる今、私たちは生かしているだろうか。

逆に戦争中の残虐行為を幻とする声が徐々に広がり、それどころかそうした歴史に関心もない人も増えているのではないだろうか。

街角で見かけるホームレスや、生活苦の人たちの存在を、知ってはいてもそれ以上見ようとはしない。むしろ見たくないという気持ちが強いのではないだろうか。当時からは想像もできないほど物や食べ物に囲まれながら、今も私たちは他人の不幸に対して「積極的な愛情」がないといえるだろう。

太平洋戦争の戦犯を裁いた東京裁判（極東国際軍事裁判）では、一一か国から裁判官が出てA級戦犯と呼ばれる政府や軍の指導者が裁かれた。被告は東条英機をはじめ二八人で、このうち七人が死刑になった。

これとは別に、個々の残虐行為に関わったものを対象にしたBC級戦争犯罪裁判は、米・英・オランダ・フランス・オーストラリア・中国国民政府・フィリピンの七か国が行った。約五七〇〇人が裁かれ、死刑になったのは九〇〇人以上といわれている。

†日本軍の略奪・強姦

日中戦争や太平洋戦争で日本軍がどんな行為をしたのかが、国内で報道されることはなかった。「一応敵に投降を勧告」、「聴かずば一気に南京攻略」といった戦意高揚の記事だけであった。南京が陥落すると「祝南京陥落」の広告があふれ、祝賀行事も行われた。

一九三八年六月二七日北支那方面軍参謀長が出した「軍人軍隊の対住民行為に関する注意の件」が、歩兵第四一連隊陣中日誌に載っている。

そこには「強烈なる反日意識を激成せしめし原因は各地における日本軍人の強姦事件が全般に伝播し実に予想外の深刻なる反日感情を醸成せるにあり」とし、強姦を不問にする指揮官があれば「不忠の臣と謂わざるべからず」とある。

このように日本軍の上層部は強姦事件が多発していることを認識していた。

さらにこの「注意の件」には、強姦事件を取り締まるためにも「なるべく早く性的慰安の設備を整え」と、慰安所の設置が緊急に必要であると、政府調査『従軍慰安婦関係資料集成2』にはある。

また金沢医科大学教授であった早尾乕雄中尉は一九三七年から一九三九年にかけ軍医として中国戦線に従軍し、戦場の犯罪調査を任務とした。早尾は南京大虐殺当時の上海と南京の様子を論文に書いている。前掲政府調査所収の「戦場生活ニ於ケル特異現象ト其ノ対策」(一九三九年)で、早尾は、慰安所はあったものの強姦は後を絶たなかったとしている。概要を紹介する。

西洋女に興味を持つのと同じで、中国の女だから好奇心がわくと同時に内地では到底許されないことが、敵の女だから自由だという考えが大きく動いているために、中国娘を見ると憑かれたように引き付けられていく。したがって検挙された者はそれこそ不幸で、検挙されない者はどれほどあるか解らない。

中国兵に荒らされずにほとんど抵抗もなく日本兵の通過が自由だったところは、中国人も逃げずに多かったので相当の被害があったという。さらに部隊長は、兵士の元気のためには必要だと言って知らん振りをしたことすらあった程である。

勝利者であるために、金銀財宝の略奪は言うまでもなく敵国の婦女子の身体まで汚すことは、誠に文明人のなすべき行為とは考えられない。東洋の礼節の国と誇る国民として誠に恥ずかしいことである。

早尾はこのように「敵の女だから自由だという考えが大きく動いている」と、戦地での軍人には異常な心理が働き略奪や強姦が絶えないことを記している。早尾はこれに続き一〇の強姦事件を列挙している。

そのなかのいくつかをあげてみる。

「三人で外出した兵士は二〇歳の中国婦人を見て情欲を覚え、近所の空き家に連れて行き小銃を一発発射して脅したうえ、剣の先をその女性に突き付けて脅し強姦し、もう一人も続いて強姦した」

「中国の民家に立ち入ったある兵士は、その家の一六歳の娘が怖くて逃げだそうとすると、とらえて強姦し、翌日もいってまた強姦した」

「三人で中国の酒やビールを飲んだ兵士たちは中国婦人を探して輪姦した」

「武装して街頭に出た兵士は、民家の門を蹴り外し家に侵入し、隠れていた一六歳の娘を見つけると、銃口を突きつけ強姦した。さらにその娘を宿舎に連れて行き監禁し、強姦した。そればかりでなく家に戻した後、再びその家に侵入し、隠れていたその娘を捜し出して強姦した」

論文では詳細にこれらの事例が記され、早尾は、日本の軍人はなぜこのように性欲に理性が保てないかと痛嘆するとともに、軍当局はあえてこれを不思議とも思わず、さらにこれに対する訓戒は聞いたことがない、と書いている。

先に記したように軍の上層部は「深刻なる反日感情を醸成せる」と、強姦事件が多発していることを認識し、その対策として軍専用の慰安所を多数設けたが、占領地を支配地と考える心理は、戦地の人々を支配し、何もかにも自由になるという感情と行為を生み出していた。

†石川達三『生きてゐる兵隊』即日発禁

作家の石川達三は、「中央公論」の特派員として見聞きした略奪や強姦、慰安所の状況を小説『生きてゐる兵隊』として「中央公論」一九三八年三月号に掲載した。しかし即日発禁処分となり、石川は新聞紙法違反で起訴され禁固四か月執行猶予三年の判決を受けている。以下の引用は敗戦後改めて発行されたものである。

石川は『生きてゐる兵隊』で南京攻略に向かう途中、南京近郊の句容の攻略後の様子について次のように書いている。

句容が攻略されて高島師団が砲兵学校に司令部をおいたときには、師団長の馬でさえも敵の死体を跨いで行かなければならなかった。

　こういう追撃戦ではどの部隊でも捕虜の始末に困るのであった。自分たちがこれから必死な戦闘にかゝるというのに警備をしながら捕虜を連れて歩くわけには行かない。最も簡単に処置をつける方法は殺すことである。しかし一旦つれて来ると殺すのにも骨が折れてならない。「捕虜は捕えたらその場で殺せ」それは特に命令というわけではなかったが、大体そういう方針が上部から示された。

　笠原伍長はこういう場合にあって、やはり勇敢にそれを実行した。彼は数珠つなぎにした十三人を片ぱしから順々に斬って行った。

（中略）

　飛行場のはずれにある小川の岸にこの十三人は連れて行かれ並ばされた。そして笠原は刃こぼれのして斬れなくなった刀を引き抜くや否や、第一の男の肩先を深く斬り下げた。するとあとの十二人は忽ち土に跪いて一斉にわめき涎を垂らして拝みはじめた。殊に下士官らしい二人が一番みじめに慄えあがっていた。しかも笠原は時間をおかずに第二、第三番目の兵を斬ってすてた。

　そのとき彼は不思議な現象を見た。泣きわめく声が急に止んだのである。残った者はぴたりと平たく土の上に坐り両手を膝にのせ、絶望に蒼ざめた顔をして眼を閉じ顎を垂れて黙然としてしまったのである。それはむしろ立派な態度であった。

こうなると笠原はかえって手の力が鈍る気がした。彼はさらに意地を張って今一人を斬ったが、すぐふり向いて戦友たちに言った。

「あと、誰か斬れ」

さすがに斬る者はなかった。彼等は二十歩ばかり後ろへさがって銃をかまえ、漸くこの難物を処分した。

†従軍記者の虐殺と慰安所の記録

従軍記者であった読売新聞の小俣行男も一九六七年に『戦場と記者』の中で、従軍記者として一般の人たちより戦場のことを良く知っていると思っていたにもかかわらず、あまりにもむごたらしい話に、戦場が神聖なものに置き換えられていたと書いている。

原稿運びのために現地で採用した邦人連絡員から聞いた南京城外の揚子江岸での出来事である。

日本兵は捕虜を一列にならべて首を切った。さいしょの列の処刑が終わると、次の列を前進させて、死体を揚子江に投げ込ませ、それから前と同じように一列にならべて処

讀賣新聞

一應敵に投降を勸告
聽かずば一氣に南京攻略

諸部隊城外に滿を持して腕を撫す

陷落直後松井最高指揮官堂々の入城式

蔣の下野、後繼政權説
國府最高幹部間に俄然有力化

首班汪兆銘、軍權は陳誠か

わが方、蔣の出樣を監視

南京攻略を報じた読売新聞（1937年12月８日）

刑した。こうして朝から晩まで、つぎつぎに首をはねたが、一日に二千人しか斬れなかった。

――彼らの話はまだ続く。二日目には手が疲れてきたので、機関銃をかつぎだした。二台の重機関銃をすえて十字砲火を浴びせた。河口に向かって一列に並ばせて、ドドドッと、重機の引き金を引いた。捕虜たちは一斉に川に向かって逃げ出したが、岸までたどりついたものは一人もいなかったという。

そこへ軍命令が来た。

「捕虜は殺してはならぬ。後方に送って使役に使う」

そのときは、すでに数千人が処刑されたあ

とだった。揚子江には中国兵の死体が一ぱい浮いていた。連絡員の話は耳を覆いたくなるような残虐な話ばかりだった。私たちは新聞社にいたので、戦場の話は一般の人より詳しく知っている筈だった。

しかし東京には、こんなむごたらしい話は伝わってこなかった。それどころか、東京にいると、いつの間にかみんなが聖戦という言葉の魔術にかかっていた。人と人とが殺し合う戦場が「神聖」である筈はないのだが、毎日毎日「護国の鬼となって散華した」とか「悠久の大義に生きる」とか「東洋平和のための聖戦」というような言葉を聞かされているうちに、いつしか戦場が神聖なものに置き換えられていた。

ところが来てみると、戦場とは殺人、強盗、強姦、放火……あらゆる凶悪犯罪が集団的に行われている恐ろしいところだった。

小俣はビルマにも向かい、そこで慰安所についての体験も書き残している。従軍慰安所で慰安婦の朝鮮人女性は、元は学校の先生だったという。驚いた小俣が聞くと彼女は、「私たちはだまされたのです、東京の軍需工場に行くという話で募集がありました。私は東京に行って見たかったので、応募しました。仁川沖に泊っていた船に乗りこんだところ、東京へ行かずに南へ南へとやってきて、着いたところはシンガポールでした。そこで半分くらいがおろされて、私たちはビルマに連れてこられたのです。

歩いて帰るわけにもいかず逃げることもできません。私たちはあきらめています。ただ可哀想なのは何も知らない娘たちです。十六、七の娘が八名います。この商売はいやだと泣いています。助ける方法はありませんか」

と答えたそうだ。小俣は同僚とも相談し、憲兵隊に行くよう勧め、処置に困った憲兵隊は抱え主と話し合って、八名の少女は将校クラブに勤務することになった。


南京攻略後の、フランス租界などの外国権益の地、漢口への侵攻について、元漢口兵站司令部・軍医大尉の長沢健一が、一九八三年刊の『漢口慰安所』に、当時のことを記している。概略、以下のような状況だった。

漢口の租界付近には約二万人の市民が残留しており、進入軍の行動は各国注目するところであった。一九三八年一〇月二四日、派遣軍は「武漢三鎮進入要領」を示し進入軍の行動を細かく規制した。注意事項として「各種不法行為特に略奪、放火、強姦等の絶無を要す。もし前述の非違をあえてするものあらば、皇軍の名誉のため寸毫の仮借なく臨むに厳罰を以てすべし」とあった。

そして予想される暴行事件に対する防波堤として慰安所の設置も急がれた。

漢口の積慶里には塀で囲まれた六八軒の二階建て建物が並んでいた。慰安所選定の条件であった慰安婦約三〇〇人を収容できる規模と交通の便をほぼ満たしており、敗戦までの七年間慰安所となった。

武漢三鎮陥落とともに上海、南京で待機していた売春業者は、慰安婦を率いて続々と武漢三鎮を目指し揚子江をさかのぼり始めた。派遣軍は彼らを軍需品扱いとし、優先輸送したという。

筆者の長沢は「軍需品扱いにしたことは、人権無視のあらわれであると非難した文章も戦後見受けられるが、軍需品は輸送順位が上位であるから、名目上そう取りはからったにすぎず、別に彼女たちを物品視したわけではないのである」と述べている。

慰安所の診療所担当の経験のあった長沢は、軍が慰安所設置に関係していたことは認めている。しかし軍が「強制的に女性を連行し慰安婦にした」という主張には反対の立場である。

「伝えられるように官憲によって強制連行された婦女が混じっていれば、慰安係の就業時面接調査、診療所での検査の際に発見されたであろうし、また客が慰安婦から強制連行の事実を聞かされれば、兵隊たちの噂になり、司令部内部で問題視されるはずだが、そのような話は聞いたこともなかった」

長沢は「あとがき」で「兵站側からの観察は近視眼的で、的を逸しているかも知れない。しかし、一つだけの意見が行なわれるのではなく、さまざまの立場で論議が交わされることによってこそ、いっそうその真実の姿に近づくことができるのではないだろうか」と記している。

†国内の産業戦士にも慰安所

第二次世界大戦当時、ジュネーブ条約で捕虜に危害を加えないことが規定されていたが、日本はこれを批准せず、「捕虜になるのは恥」という考えが徹底されていた。その考えは撤退中に多くの日本将兵が飢えと病に倒れたビルマの「インパール作戦」や、一人の日本人婦人が崖から飛び降りる映像に象徴される「サイパン玉砕」、そして沖縄戦に典型的にあらわれている。

そうした考え方が、占領地の捕虜や住民への対応にも表れたのが、先に記した捕虜や住民の虐殺であり強姦である。そして日本軍は強姦が起きることを想定して、その対策に慰安所の設置を進めた。

軍の慰安所は外地だけではなかった。

慰安婦関係の多くの著作がある神崎清は一九四九年の『売笑なき国へ』の中で、本土決戦に備えた伊豆七島の守備隊からの話を次のように記している。

「伊豆七島の守備隊から警視庁を通して「慰安所を引き受けてくれ」という注文がヨシワラにまいこんできた。女は不足だし［注・空襲で多くの娼館や娼妓を失っていた］採算が取れないので、一度断ってみたが、必死の要求に、下手をすれば非国民扱いされる危険があった。やむなく承諾した親方たちは昭和二〇年（一九四五年）の二月、約三〇人のヨシワラ部隊を新島に進駐させた。

陸軍の言うことを聞くと、海軍の方でもまた話を持ち込んできた。しまいには軍需工場のがわで「工場の近所に慰安所を立ててもらわないと困る」と言い出した。この要求を軍部が支持したので、今まで玉ノ井と亀戸以外に私娼窟を認めなかった警視庁が、産業戦士慰安の名目で、立川・蒲田・亀有・立石・新小岩などの工場地帯に慰安所の新設をゆるしたのである」

そして「敗戦後の性的混乱と売笑街の繁栄が、軍隊や戦時徴用工の慰安所の中で、すでに培養されていたことを知っておく必要がある」としている。

ＲＡＡの設立を指導した警視総監の坂が、一九三六年の鹿児島県警察部長時代に鹿屋の航空隊基地近くに慰安所を設置したように、軍は戦況が悪化するにつれて、兵士の不安や不満の矛先をそらすためにも慰安所を設けた。

軍需工場に動員された人々の不満を、働く意欲に変えるためにも慰安所を活用した。動員されたのは男だけではなく若い女性も同じであったが、彼女たちへの配慮はなされていない。男性が支配する社会の下では、女性は一方的に従うものであり、その意味では慰安婦と同列に見られていたのであろう。

二 各国の軍隊と売春

†ドイツ強制収容所の売春施設

各国が陸続きのヨーロッパ大陸ではお互い同士の侵略・占領の繰り返しの長い歴史がある。

二〇一八年刊の『戦争と性暴力の比較史へ向けて』(上野千鶴子・蘭信三・平井和子編)には各国の戦時下での性暴力について日本を含めた多くの論考が掲載されている。

この中でナチス時代のドイツの強制収容所での慰安施設についての研究が紹介されている。

アウシュビッツに代表されるユダヤ人強制収容所のユダヤ人虐殺の事実は、広く知られている。しかし強制収容所に売春施設があったことは日本ではほとんど知られていないのではなかろうか。

ナチス政権のもと、ドイツは占領した東欧諸国などにゲットーを設け、ユダヤ人を特定地域に住まわせた。ゲットーは出入り禁止でユダヤ人は、正三角形を上下二つ組み合わせたダビデの星のマークをつけさせられた。その後ユダヤ人は強制収容所に送られ、絶滅政策・ホロコーストによってアウシュビッツでの例で知られるように多くの人々が、ユダヤ人というだけの理由で殺害された。

強制収容所は、当初は反ナチなどの政治犯の収容が主であった。そこでは強制労働が行われていた。

旧東ドイツのブーフェンバルトには、博物館になっている強制収容所があるが、そこにあった売春施設についての説明文はなく、案内人にはその説明は話さないよう指示がなされていたという。反ファシストとして戦後英雄視された、当時は政治犯として収容所に入れられていた人たちが、収容所内の売春施設を使っていたとは公言できなかったからである。

収容所内では、政治犯、刑事犯、売春婦やアル中や浮浪者など反社会的分子、ユダヤ人という形で分類され、政治犯は刑事犯らほかの分類に属する人たちを蔑視していた。収容所内でのナチス親衛隊によるガス室等の殺人や鞭打ちなどによる虐待・拷問は、戦後、裁かれたが、性暴力については注目されなかった。

親衛隊全国指導者のハインリヒ・ヒムラーが一九四二年に記しているように、「勤勉に働いている囚人に業績向上の刺激策として「女があてがわれる」べきだ」との考えのもと、収容所に売春施設が設置された。その目的は、囚人の中の監督役らに、売春施設の利用や拘留の負担軽減を与えることにより、業績向上への意欲を高めることにあった。

ユダヤ人は人種政策に基づき売春施設からは外され、売春婦も囚人の中のユダヤ人以外から選別された。

終戦直後のドイツでは、後述するように、ソ連軍のドイツ侵攻に伴う強姦は余りに日常的であった。武器による脅しなどにより抵抗できない状態だったことが明らかであったから、被害にあった多くの女性により強姦の被害が語られてきた。

しかし、収容所での売春行為は、自分が「反社会的分子」とみなされるおそれや、「自発的に応募した」という親衛隊のイメージ作りもあり、囚人たちの間でも非難されたり、また親衛隊の協力者とみなされたりする可能性もあって、当事者の女性は口にすることはなかったという。

戦後間もない回想録の中にはこの売春施設に触れたものもあったが、ホロコーストの実態への関心が集中したことや、売春施設を政治犯が利用したことをタブー視する問題もあり、なかなか表に出てこなかった。

また当時の西ドイツでは、「悪いのはナチス親衛隊」とする考え方が強く、国防軍兵士は協力しただけとする思いが戦後長らく続いた。ホロコーストを行ったのは親衛隊や警察で国防軍ではないという心理的な言い訳が広がり、親衛隊が管理する強制収容所での売春への関心も高くはなかった。

東西ドイツが統一された一九九〇年以降、ようやく収容所内の強制売春の研究が始まったと言われている。しかし強制的に性労働を課された被害者たちは、思い出すことの苦痛と差別されることへの恐れからインタビューに応じた人はほとんどいなかったという。

これらについては前掲『戦争と性暴力の比較史へ向けて』の「第8章　ナチ・ドイツの性暴力はいかに不可視化されたか」で姫岡とし子が詳細に分析している。

†ソ連領内での独軍

東欧やソ連でのドイツ軍の性暴力は二〇一五年に邦訳（姫岡とし子監訳）された『戦場の性』でレギーナ・ミュールホイザーが詳細に記している。以下はその概略である。

ドイツ軍は、フランスでは既存の売春施設を接収しドイツ兵にだけ使用を認めた。旧ソ連では、公式には売春が禁止されていたため、校舎などの建物を接収して売春施設として利用した。女性たちは多くはその周辺地域から集めて、自由意思で募集に応じたものもいたが、強制されたものもいた。

ソ連に併合されていた西部地域の人々は、ドイツ軍を「ボルシェビキからの解放者」とみなす人も多く、反ユダヤ主義も浸透していた。

ユダヤ系住民はドイツ軍が侵攻するやいなや迫害と暴力に直面した。都市の占領直後の数日間の混乱した状況を利用し、多くの兵士が住宅に侵入し、女性たちを、ユダヤ人女性も含めレイプしていた。女性を守ろうとした両親や隣人は、レイプの犠牲者と同様にただちに殺害される恐れがあった。

敵の女性への「性的征服」は、明らかに軍事的成果に対する報酬の一形態だった。戦闘直後のこうした混乱期に女性への暴力を許すのは、歴史上何度も繰り返されてきた戦争の「掟」の一部であった。ドイツ兵は「人種法」でユダヤ人女性との性的接触を禁じられていたが、多くの兵は戦場や占領地ではそれを厳格には守っていなかった。そもそも女性がユダヤ人であるかどうかの見分けはつかなかった。

ドイツ軍が侵攻した東欧やソ連では、ユダヤ人はゲットーと呼ばれる特定地区に住まわされ、女性は「簡単に入手できる略奪品」になった。有刺鉄線に囲まれたゲットーでは監視人が女性を裸で泳がせたり、テーブルの上で裸で踊り歌うよう強制した。

ベラルーシでのドイツ人警察官の犯罪を調査したソ連地域委員会での次の証言がある。

「夜ドアがノックされ、ドアが打ち壊され三人の警官が入ってきた。彼らは若い女性を捜し出し、母親は泣いて娘を解放するよう懇願したが、獣のような悪党は彼女にピストルを向けた。黙るように命じ母の目の前で娘をレイプした。血が出るまで殴り誰にも言わないように命じた。さもないと次の日に来て全員を殺すと……。こうして一連のレイプが始まった」

この他にも多くの証言が記載されている。

「(ウクライナの)リヴォフ市では既製服製造工場の三二人の女性労働者がレイプされ、ドイツの突撃部隊によって殺害された。酔ったドイツ兵は、リヴォフの少女と若い女性を、獣のようにレイプするため公園に引っ張っていった」

「ベラルーシではドイツ軍の進撃を逃れて来た七五名の女性と少女がドイツ軍の手に落ちた。ドイツ兵が上官の命令で一六歳の少女を森に連れ込み、レイプした。しばらくして同じように森に連れ込まれた他の女性たちは、木々の中に、その少女の遺体を打ち付けた板が立っているのを見た。ドイツ人は、彼女たちの目の前で、少女の乳房を切り取った」

このように、恐怖を拡大するため、容赦ない残酷さを見せつけた。

また占領地では取引としての性もあった。

ウクライナではソ連軍が穀物と家畜を運び去り、倉庫や製粉所などを爆破して退却した。侵攻したドイツ軍はただちに略奪をはじめ、現地の住民の食糧事情は極めて逼迫した。一九四二年には一日に一五〜一七人が栄養不良で命を落としていった。

生き延びるために女性は戦わねばならなかった。食糧のために身体を提供したのである。あるドイツ兵士は「レイプする必要はなかった。飢餓状態のためパンを得るために身体を提供する状況に追い込まれていたのです」と戦後語っている。

†仏での米軍

ドイツ兵の東欧、ソ連での行為が略奪とレイプであったとすると、米兵のフランスにおける行為は軍事力と食糧による征服であった。

二〇一五年に邦訳されたメアリー・ルイーズ・ロバーツの『兵士とセックス』は「第二次世界大戦下のフランスで米兵は何をしたのか?」という副題で、フランスに上陸した米軍とそれに対するフランス人の様子を詳細に描いている。一部を概略で紹介する。

ノルマンディー上陸作戦の前、米軍は上陸地点を隠すためもあって、フランス各地を空爆した。鉄道施設や道路、橋梁を目標としたが、爆撃は正確性にかけ、多くの住まいもその被害を受けた。

一九四四年六月のノルマンディー上陸作戦はドイツを敗戦に導く英雄的な戦いとして戦後、映画などでも描かれている。しかしその戦闘では、多くの住民が空爆や戦闘に巻き込まれ、推定では二万人近い一般市民が命を落とした。上陸作戦の最初の二日間だけで三〇〇〇人が殺された。これはその間に死亡した連合国軍兵士とほぼ同じ人数であった。

上陸後も各地で一進一退の激しい戦闘が繰り返された。住民たちは右往左往するしかなかった。

あるフランス人は「ドイツ軍はただ来ただけだがアメリカ軍は破壊した」と語っている。一人の子供を除き家族全員を失ったという人もいた。避難していて数週間後に戻った人は何もかも消えた故郷に「家も、子供時代の思い出も、何もかもです。何一つ残りませんでした」とその悲しさを話している。

しかしこうした破壊や悲劇の実情が米国に伝わることはなかった。検閲により記事が差し止められたと『兵士とセックス』にはある。

米軍と行動を共にしたあるフランス兵は偶然、屋根とむき出しの壁がわずかに残る自分の家でアメリカ兵たちと野営した。自宅跡であることは彼らには話さなかった。しかし一人の若い将校が家のドア板をはがしキッチンで火をおこし始めると、彼は「ここが以前は誰かの家だったと考えてみたことはないのですか」と静かに尋ねた。将校は「一瞬たりとも考えなかったね」と答えた。


フランス人の多くは、破壊された怒りと解放された喜びの入り混じった感情にとらわれた状態で米軍を迎えた。迎えたのは老人、子供、女性であった。多くの男性はドイツ軍に連れ去られるか、パルチザンとして隠れてドイツ軍と戦っていたため、その場にはいなかった。

米兵は町や村を通過する際に、キャンディーやチョコレート、ガムを子供や娘たちに渡していった。

パリに入った米兵をフランス人女性が歓迎しキスする写真は、米国では米軍を解放者として捉えられもしたが、フランスの新聞では苦々しい思いをこめて報じていた。

闇市では、豊富な米軍食糧が取引され、それを得るためだけに身体を提供する女性も少なくなかった。「大通りをうろつき、毛布を持ち歩く者もいて、その気になった米兵がいれば腕を組んで林の奥に消えていった。彼女たちの値段はたばこ一本かガム一枚、チョコレートひとかけら」とある軍医は語り、米兵はチョコレートのために身体を売ることから彼女たちを「ハーシー・バー」と呼んでいた。

フランスでは売春制度が認められ、定期的に検査を受ければ一人でも合法の売春宿でも商売ができた。ドイツの占領下でもそれは変わらず、ドイツ軍はパリ侵攻直後に軍独自の売春宿を設置し、軍が管理した。

しかしアメリカ兵がパリに入ると、売春宿はその需要に人手不足となり、もぐりの売春女性が街にあふれた。パリは性的に無秩序な状態になり、売春女性は貧しく保護のない環境に置かれた。米軍は表向きは売春を禁じていたが事実上は黙認していた。

米軍が一番懸念したのは性病の広がりであった。そして将校用、白人下士官と兵用そして黒人用に売春宿を分けた。しかし、女性を求める兵士は多く、もぐりの売春宿や街娼に向かった。もぐりの売春女性の多くは基本的に家は持たず渡り労働者のようにパリやその他の米軍駐屯地を回り、生計を立てていた。街娼はお互いに助け合い、ひいきの常連客を楯にして身を守る手段とした。

もちろん米兵によるレイプも後を絶たなかった。ただレイプでも黒人兵が特にやり玉に挙げられた。軍事法廷ではその傾向が特に顕著であった。

フランス人は道徳的に堕落し、自国を統治する能力がないという偏見が、アメリカ軍のあらゆる層の指揮官にはびこっていた。「フランスは、年中食べて飲んでセックスする四〇〇〇万人の快楽主義者がはびこる巨大な売春宿だ」という見方が広がった。ノルマンディーの港湾都市ルアーブルの市長は「この町の善良な市民は、アメリカ兵が売春婦とセックスする場面に出くわさずに公園を散歩することも墓参りすることもままならない。夜になれば酔っぱらった兵士がセックスの相手を求めて通りをうろつき、ちゃんとした女性はおちおち一人歩きもできない」と米軍の現地指揮官に訴えたが「売春は貴殿の問題」と相手にされなかった。

一方、ドイツ占領下でドイツ将兵と親しかった女性は、頭を丸刈りにされさらしものにされた。丸刈りにされた女性が男や女に取り囲まれて通りを連れまわされている、ロバート・キャパの写真は有名である。

†ベルリンでのソ連兵

ソビエト兵士は一九四四年から四五年にかけ、ナチズムを支持した女性だけでなく、ファシズムに敵対した女性にも大々的に性暴力をふるった。とくにベルリン攻防戦の際、少なくとも一一万人の女性がソ連軍兵士のレイプの犠牲になったといわれている。

酒に酔ったソ連兵は多くの女性をレイプし、女性たちは夕方になると姿を消し、とくに若い娘たちは屋根裏に隠れた。母親たちは、ソ連兵が酒で寝ている早朝に水を汲みに出かけるようになった。ある母親は自分の娘を助けようと、よその娘たちの隠れ場所を教えたという。

窓ガラスが吹っ飛んだ建物から夜ごとに悲鳴が聞こえてきたのをベルリン市民は覚えている。銃を口に突っ込まれ脅され襲われた女性もいた。

あまりに日常的にレイプが行われたため、ドイツ女性の性被害は戦争と降伏がもたらした一連のおびただしい物資的欠乏と屈辱のなかの一つの側面にすぎなかったと論じている人もいる。実際、多くの女性が日記や手記に冷静な筆致で性暴力の存在を書き記していると『戦場の性』には記載されている。

男性たちはなすすべがなかった。二〇〇四年に邦訳されたアントニー・ビーヴァーの『ベルリン陥落1945』には、ある女性が地下室から赤軍兵たちから引きずりだされようとしたとき、同じ棟に住む男性が女性に向かって「行ってください。お願いだ。みんながとばっちりをくうんだから」と言ったとある。

ソ連兵の襲撃から女性を守ろうとしたのは父親か、母親をかばおうとした年少の息子であった。一三歳の少年は眼の前で母親をレイプしているロシア兵に殴りかかったものの、少年が銃弾を受けただけだったと、隣人たちは語ったという。

レイプはひとりだけの体験でなく集団的体験となったので女性同士で語り合うことで心の傷をいやそうとしたり、日記に書くことで心の安定を取ろうとしたりとトラウマから逃れようとした。にもかかわらず心が折れてしまう人たちもいた。

ドイツに戻ってきた男性たちはその話に耳をふさぎ、レイプの話をすることを禁じる人もいた。自分の婚約者がレイプされたことを知り、婚約を破棄した男性もいた。男性たちは自分たちが守ろうとした国土が破壊されるとともに、そこで起きた悲劇を聞きたくはなかった。自分の存在を否定されたように感じたからであろう。そのことで心を病んだ男性も少なくなかった。

ソ連兵は家族や友人に贈物とするために、腕時計を強奪し、腕に何個もの時計を身に着け、さらにもっと欲しがった。もちろん衣類や貴金属も集めたが、ドイツ軍に破壊された自宅を再建するための資材や釘、のこぎりまで郵便局に持ち込んで送らせる例もあった。

「人民の解放」を旗印にした共産党軍が行った行為は、共産党支持者の混惑を招き、やがて「ドイツ人に対する態度を改めよ」というスターリンの命令が出るまでになった。

食糧不足は深刻で、列車が動き始めると何千人もの人たちが屋根の上や車体にしがみついて、郊外に買い出しにでかけた。

時がたつにつれ、ここでも、日本での進駐軍と同じようにソ連兵は「占領地妻」を持つようになった。その一番の要因は「食べ物」であった。『ベルリン陥落1945』には「女性が飢餓に直面しているとき、銃や肉体的暴行は不要になった」と記している。

†旧満州開拓団の女性が迫られた選択

ソ連兵と旧満州開拓団の敗戦後の一つの状況が『戦争と性暴力の比較史へ向けて』の「第6章　語り出した性暴力被害者」（猪股祐介）に記載されている。

ここでは、岐阜県白川町（当時の黒川村）の黒川開拓団と熊本県山鹿市（当時の鹿本町）の来民《くたみ》開拓団の体験が記されている。開拓団が入植したのは中国吉林省扶余市（当時の陶頼昭駅）の西であった。二つの開拓団の入植地は三〇キロメートルほどしか離れていなかった。用意された土地は満洲拓殖公社が現地の中国人らから安く強制的に買収し、立ち退かせたもので、団員は地元の中国人・朝鮮人を雇い耕作した。

敗戦後、現地住民の「襲撃」が始まり、集落に押し入り持ち物を根こそぎ奪っていった。現地住民にすれば「奪還」であり「報復」であった。

来民開拓団は現地住民の「襲撃」を受け、二七五人が集団自決した。引き揚げることができたのは、応召されて開拓団にいなかった四一人だけであった。

一方黒川開拓団は、六六一人中四五六人が引き揚げた。しかしこの引き揚げは開拓団幹部が十代の娘を中心とする未婚女性一五名をソ連軍将校の「接待」に差し出した結果であり、ソ連軍は現地住民の襲撃を鎮め食糧を提供した。

黒川開拓団の「接待」の犠牲者が体験を話し始めたのは二〇一三年の講演会からである。来民開拓団と黒川開拓団の間には、「辱めを受けることなく清らかに死んだことを誇りに思う」という受け止め方と、「汚れて帰ってきた」と見られたくないという受け止め方の違いがある。このため接待の犠牲者にたいしては「開拓団の犠牲となることを主体的に選んだ」ものとされ、共同体意識が語ることを長らく阻んできた。

黒川開拓団で「乙女の犠牲者」が生まれたのは、ソ連軍の要求であったという。敗戦後、逃避行を続ける日本人が逗留していた中国の陶頼昭駅で、黒川開拓団の幹部が、知り合った通訳とともにソ連軍将校を訪ね、地元住民からの襲撃を守ることと食糧の配給を要請した。その見返りにソ連軍将校は女性を要求したという。

ソ連兵から出征兵士の妻を守るために未婚女性を犠牲にするしかない。毎日、副団長と未婚女性との話し合いがもたれた。副団長は「来民開拓団のようにこのまま自決することはできぬ」「団の命を救うと思って、ウンと言ってほしい」と説得に当たった。だが未婚女性にとって「それは死ねと言われるより悲しい辛いこと」であった。未婚女性は「集団自決」か「接待」かの二者択一に抵抗した。

「死ねと言われるより悲しい辛いこと」という言葉からは、団幹部の「裏切り」、すなわち未婚女性にだけ犠牲を強いることへの「恨み」があらわされている。しかし彼女らの抵抗は「団の中にも生活できない雰囲気」という開拓団の共同体の圧力により抑えられた。最終的に受け入れたのは、「お上の命令に逆らうことは団の中にも生活できない雰囲気の時、甘え事など言っていられる立場ではなかった」からであった。

その抑圧は今なお続いている。

一九八一年に「ああ陶頼昭」という開拓団誌が出版され、三五人が寄稿した。「接待」について三人の男性団員が触れている。そして同年『陶頼昭を訪ねて』が刊行され、被害者女性の一人がはじめて「接待」に至る経緯や受け止め方、亡くなった被害女性の追悼について書いた。しかし、「接待」の実態には触れていない。この女性は「思い出すまい、忘れたいと心に決めているのに、なぜ今なお鮮明に私の心にこみあげてくるものは一体なんだろう。あの時のくやしさ、情けなさ、忘れたいと思えば思うほど、こみあげてくる涙となって私を苦しめる」と書いている。

被害女性はトラウマとともに帰国後の共同体のタブーに悩み続けた。これが変わるのは遺族会活動が戦後世代に移ってからであり、二〇一三年の講演会でようやく被害女性が「接待」の語り部となるまでになったのである。

黒川開拓団と同じような体験が他の開拓団にもあったことは容易に想像できる。


黒川開拓団の幹部の考え方は、「死」を目前にした「生」への選択であった。各地の開拓団から伝わった、地元民を含めたソ連軍の略奪・強姦と死が現実のものとしてあった。苦渋の選択であった。その意味では、敗戦後占領軍の予想される性暴力に、当たり前のように「慰安所」を設けるよう全国の知事に指示した敗戦直後の政府の考え方とは、切迫度がまったく違う。

指示した政府の人たちには不安はあったにしても、開拓団のような現実の「死」に直面しておらず、戦地に作った慰安所をそのまま国内に移し替えるというものでしかなかった。

第七章　真実を伝えること

†進駐軍用慰安所の意味

これまで見てきたように戦争と性は切り離せない。戦闘と一体のものとして考えねばならない。

敵の国においては、民間人も敵であった。それは日本が侵略した中国、米国が行った日本への空襲と原爆投下、ドイツが侵略した東欧諸国、ソ連が行ったドイツや旧満州での行為を見れば明らかである。ただ往々にして戦争は、真珠湾攻撃やミッドウェー海戦など戦闘として語られることはあっても、民衆の側から語られることは少ない。もちろん東京大空襲や広島・長崎の原爆は被害者の多くの語りがあり、毎年追悼式が行われ戦争の悲惨さを伝えている。

しかし戦争はそれだけではない。

日本の場合、兵站が十分でなかったこともあり食糧は現地調達が当然とされ、略奪が平然と行われた。敵国の領土であるため、現地の民間人も敵に見え、兵士は絶えず緊張を強いられたことは想像に難くない。略奪は複数の兵によって行われ、そこではたらく集団心理は女性に向かうと集団強姦という形になった。

北支那方面軍参謀長が出した「軍人軍隊の対住民行為に関する注意の件」はそうした事実が多い事を如実に示している。「強烈なる反日意識を激成せしめし原因は各地における日本軍人の強姦事件が全般に伝播し実に予想外の深刻なる反日感情を醸成せるにあり」とあるように、略奪や強姦が「強烈なる反日意識を激成」し日本軍への敵愾心が強まり、占領地が混乱していると指摘している。

その解決策として占領地での慰安所設置は必須のものとされていたことがこれまで見てきたことから明らかである。しかし慰安所の女性への思いはまったくなされていない。

売春は歴史上もっとも古い職業ともいわれ、男にとっては快楽の場であった。そして戦地では、慰安所の女性は兵士を慰撫する性という道具でしかなかった。死の緊張にさらされた兵士たちにとっては、楼主に売られた女が何故売られたのか、あるいは騙されたり無理やり連れてこられたのではないかという背景にまで、思いが到ることはなかった。そんなことを考える余裕はなく、自らの性欲を発散する場であり、酒を飲むのと同じことであったのだろう。

敗戦の放送からわずか三日、政府が全国の知事に占領軍のための慰安施設設置を指示したのは、明らかに中国など戦地での日本軍の民間人への残虐行為の事実をもとにしている。戦地で慰安所を設けたのと同じように、なんの違和感もなく、軍隊には慰安婦が必要と慰安所の設置を指示している。それまで「鬼畜米英」、「本土決戦」、「一億火の玉」と国民の敵意を煽っていた国家が、一転してそれまでの敵を慰安する施設を作るよう求めている。

かつて経験したことのない占領という事態に、国家としてどう対応するかという視点からは、社会の混乱を極力少なくする一つの方策として「慰安所設置」はごく自然に生まれたものであった。しかもそれは天皇のもとで国を統治するという「国体護持」が目的であった。戦前から続く「国体護持」の刷り込みは、「進駐軍の防波堤」に置き換えられ、戦中の「鬼畜米英」「本土決戦」「一億火の玉」と同じように「国を守る」行為とされた。

しかし、国家のために夫や家族を失い、住まいや日々の食べ物に事欠く焼け跡を見れば、どういう女性が慰安所で働くことになるのかは容易にわかるはずである。借金の肩代わりに娘たちが遊郭に売られた長い歴史と、戦地での行為をもとに国家が当たり前のように主導したのが、進駐軍慰安所設置の八月一八日の指示である。

政府は「国体護持」が最優先で、その大義の下では、慰安所で働くことになる女性は「国体護持」の必須道具とみなされ、数を集めることが第一で、「人」として考えられることはなかった。

†時系列の中の事実

歴史の教科書には戦争の歴史的事実は載っていても、進駐軍用慰安所のことは載っていない。進駐軍用慰安所の設置は、国家が戦地で行ってきたことをそのまま敗戦後の日本で真っ先に行ったことにほかならない重要な事実である。

しかしその事実は教科書以外の様々な出版物で紹介されているにもかかわらず、開業から米軍の立ち入り禁止で閉鎖されるまでの期間が七か月と短かったこともあり、その後の「パンパン」の存在ほどは知られていない。

一九九〇年代に入って韓国人の従軍慰安婦問題が日本国内で意識され始めた。一九九一年に、韓国女性が従軍慰安婦であったことを自ら明らかにし、その後、東京地裁に国を相手取り損害賠償訴訟を起こしてからであった。

政府は従軍慰安婦について調査を行い、その調査に基づき一九九三年に出された河野洋平内閣官房長官のいわゆる河野談話では、「慰安婦の募集については、軍の要請を受けた業者が主としてこれに当たったが、その場合も、甘言、強圧による等、本人たちの意思に反して集められた事例が数多くあり、更に、官憲等が直接これに加担したこともあったことが明らかになった」と強制的な連行と、「官憲」という国家機関の人間が関与していた例があったことを認め謝罪している。

しかし韓国人慰安婦問題が大きな議論になったあとも、敗戦直後、政府が全国に指示して、占領軍向けに慰安所を設置させたことは表には出てきていない。

従軍慰安婦問題は戦争と一体として考えるべきものであり、政府が敗戦直後に進駐軍用慰安施設を作らせたこともまた従軍慰安婦問題を考える上で重要なひとつの事実である。ところが二〇二一年四月、政府は「従軍慰安婦」を戦争と切り離すかのように「慰安婦」と言い替えることを閣議決定し、教科書出版会社にこの決定を伝えている。最近の「強制」はなかったとする主張に呼応するかのような言い替えである。

こうした政府の言い替えは、戦争と人々の間の関係を遠ざけるものである。進駐軍慰安所は各地の米軍による空襲や広島・長崎と同じように、戦争を考える際に語られるべきものである。

しかし、政府はその事実を公にしようとはしていない。それどころか政府の国会での答弁は、「進駐軍向け慰安所設置の原本が見つからない」から、内務省警保局長通牒が発出されたかどうかという事実に関しても「承知していない」と、事実自体がなかったかのような答弁に変わっている。

「都合の悪いことはなかったことにする」という考え方がここには表れている。それは民衆を戦争に向かわせたのと同様に、国家による国民に対する思考コントロールを考える上でも重要である。

敗戦により与えられた憲法とはいえ、自由と平和をうたう憲法を多くの国民が受け入れ、その精神をまっとうしようとして生きてきたのは事実である。その憲法を生んだ戦争とは何かを、己のものとして理解するためにも、何があったのかを知りそれを伝えることは大切である。

戦地での従軍慰安婦の延長線上にある占領軍用慰安施設の通牒には、様々な意見があるだろう。しかし敗戦直後の日本に、政府が先頭に立って占領軍向け慰安施設を作ったという事実は、重要なことであり、戦争や紛争は、軍隊と軍隊の戦闘だけでなく女性や子供ら非戦闘員も巻き込むものであることを改めて示す事実である。

†自己責任論の誤り

第六章で記した大佛次郎の話の中で、日本人は浮浪児を見ているだけ、と英国人に言われた時の心情について大佛は、「自分を忍んで他人の不幸を見てやるだけの積極的な愛情がないのである。可哀想にとは見るが何もできないと云う様に踏み止まっているのである」と言っている。

「可哀想にとは見るが何もできない」という大佛のこの心情は、そのまま今の私たちの多くに当てはまるのではないだろうか。いや、情報が当時とは比較にならないほど溢れている今の社会では、「知っているが見ようとしない」どころか、「知ろうとしない」のではないだろうか。

子どもの貧困や様々な差別の事実を聞いて「可哀想」と思うかも知れないが、その現実や実態を見ようとしないで避けているのではないか。その意味では敗戦後の貧困社会にあって貧困そのものを見て、体験もした大佛の時代より、今の私たちは、弱い立場や劣悪な環境に置かれている人々への関心は低いのではないだろうか。

そんな感情を正当化する一つの言葉が「自己責任」である。

出産や子育てで会社を辞めた人や、会社の雰囲気になじめなくてやめた人、心を病んだ人が、再び就職しようとしても、よほどの能力を持っていない限り正社員になることは難しい。企業は利益を上げるため人件費を抑え、結果として使い勝手がいい非正規社員を増やしている。企業の労働組合も正社員を守ることに精一杯で、非正規社員にまで手が届いていない。非正規社員であることは「自己責任」という言葉でくくられ、個人の責任とみなされる風潮がはびこっている。しかしそれは誤っている。選択の道がそれ以外になかったという事実がある。そうした社会にしているのは政治と政府の責任である。

民主主義は個々人を尊重するのが出発点である。「自己責任」と「自己判断」は違う。自己の判断に責任を持つのは当然であるが、自己の判断は往々にして誤ることがある。大事なのは、判断を誤った時に軌道修正できる環境があるかどうかである。ところが今の社会にはその環境は十分に整っていない。むしろ「自己判断」を「自己責任」にすり替え、「自分が判断したことだから結果の責任は本人にある」として、誤った判断をした時に修正を認め救済するような環境や意識は狭まっているのが現状だ。

そのため人々は、自分で判断することを恐れ、周囲に合わせて行動するようになっている。知らず知らず同調圧力に巻き込まれている。

同調圧力に対抗する為には、自立した「個人」であることが必要である。それは難しいことであるが、その支えとなるのが、事実を知ることである。

虚実入り交じった情報が溢れている現代社会で、何が客観的事実かを意識することは容易ではないが、その意識を忘れると戦前戦中からあった同調圧力に流されてしまう。それは個人の自立を前提とした民主主義そのものを形骸化する。いま大切なことは、事実をみつめ、しなやかにしたたかに、同調圧力という風《かぜ》に向き合うことではないだろうか。

1985年　『私の足音が聞こえる』鳥尾多江、文芸春秋
1986年　『原色の戦後史』大島幸夫、講談社
1987年　『続内務省外史』大霞会、地方財務協会
1989年　『昭和――二万日の全記録』７巻「廃墟からの出発　昭和20年-21年」講談社
1992年　『占領軍慰安婦』山田盟子、光人社
『南京事件資料集』南京事件調査研究会編、青木書店
1994年　『東京都政五十年史【通史】』東京都企画審議室調査部
1995年　『従軍慰安婦』吉見義明、岩波書店
『占領軍慰安所　国家による売春施設　敗戦秘史』いのうえせつこ、新評論
1997年　『宝石１月号　小町園のメアリー』光文社
『政府調査「従軍慰安婦」関係資料集成２』龍渓書舎
1999年　『横浜市史Ⅱ』上巻、横浜市総務局市史編集室
2001年　『敗北を抱きしめて』ジョン・ダワー、岩波書店
2004年　『ベルリン陥落1945』アントニー・ビーヴァー、白水社
『性暴力問題資料集成　編集復刻版』不二出版
2007年　『占領と性』恵泉女学園大学平和文化研究所、インパクト出版会
2009年　『敗戦と赤線――国策売春の時代』加藤政洋、光文社
2012年　『占領下の神奈川県政』天川晃、現代史料出版
2015年　『兵士とセックス――第二次世界大戦下のフランスで米兵は何をしたのか？』メアリー・ルイーズ・ロバーツ、佐藤文香訳、明石書店
『戦場の性――独ソ戦下のドイツ兵と女性たち』レギーナ・ミュールホイザー、姫岡とし子訳、岩波書店
『占領期生活世相誌資料Ⅱ――風俗と流行』新曜社
『水曜日の凱歌』乃南アサ、新潮社
2016年　『闇の女たち――消えゆく日本人街娼の記録』松沢呉一、新潮文庫
2018年　『戦争と性暴力の比較史へ向けて』上野千鶴子、蘭信三、平井和子編、岩波書店

1953年　『中央公論』６月号「国策にされた集団売春」中央公論社
『基地の子──この事実をどう考えたらよいか』清水幾太郎、宮原誠一、上田庄三郎編、光文社
1954年　『改造』１月号「東京基地」改造社
『りべらる』11月号「日本娘の防波堤」白羊書房
『りべらる』11月号「特命慰安婦始末記」白羊書房
1955年　『戦後の神奈川県政』神奈川県政編集企画委員会
1957年　『一皇族の戦争日記』東久邇稔彦、日本週報社
『女の防波堤』田中貴美子、第二書房
1958年　『百億円の売春市場』橋本嘉夫、彩光新社
1959年　『敗戦日記』高見順、文芸春秋新社
1961年　『内外タイムス』（３月９日）
『みんなは知らない──国家売春命令』小林大治郎、村瀬明、雄山閣
1967年　『戦場と記者』小俣行男、冬樹社
1972年　『潮』６月号「進駐軍慰安の大事業を担う新日本女性求む」同前「池田勇人と戦後の売春」潮出版社
『秘録進駐軍慰安作戦──昭和のお吉たち』鏑木清一、番町書房
1973年　『東京都の婦人保護』東京都民政局
『潮』８月号「占領軍駐屯地住民の現実と悲哀」潮出版社
1974年　『神奈川県警察史』下巻、神奈川県警察史編さん委員会
1977年　『内務省外史』大霞会編　地方財務協会
1978年　『東京闇市興亡史』東京焼け跡ヤミ市を記録する会、草風社
1979年　『敗者の贈物』ドウス昌代、講談社
1983年　『漢口慰安所』長沢健一、図書出版社
1984年　『ドキュメント昭和二十年八月十五日』双柿舎、安田武、福島鑄郎編
『資料　日本現代史２』粟屋憲太郎、大月書店

参考文献

1945年　『生きている兵隊』石川達三、河出書房（伏字復刻版、中央公論新社、1999年）
　『新生活』創刊号「敗戦考現学第一課」新生活社
1946年　『敗戦の巷に蠢く　闇の女たち』（日本ジャナリズム叢書第1輯）皆書房
　『新生活』二月号「ヘロー　Moo　Soo　mee　San」新生活社
1947年　『悲しき抵抗——闇の女の手記』各務千代、江戸橋書房
　『肉体の門』田村泰次郎、風雪社
1949年　『R・A・A協會沿革史』『性暴力問題資料集成（編集復刻版第1巻）』不二出版、2004年
　『風紀に関する世論調査』（「世論調査報告書」日本広報協会、1992年）
　『街娼——実態とその手記』竹中勝男・住谷悦治、有恒社
　『改造』12月号「パンパンの世界」改造社
　『売笑なき国へ』神崎清、一燈書房
1950年　『売春関係資料』労働省婦人少年局
　『街娼の社会学的研究』渡辺洋二、鳳弘社
1951年　『ニッポン日記』マーク・ゲイン、井本威夫訳、筑摩書房（ちくま学芸文庫、1998年）
1952年　『ダイヤモンド』臨時増刊号「街娼の影を追って」ダイヤモンド社
　『ダイヤモンド』5月号「肉体の防波堤」ダイヤモンド社
　『オール読物』9月号「らく町お時の涙」文藝春秋新社
　『売春に関する資料』労働省婦人少年局
　『占領秘録』住本利男編、毎日新聞社
　『情報天皇に達せず——細川日記』細川護貞、同光社磯部書房

ちくま新書
1641

進駐軍《しんちゅうぐん》向け特殊慰安所《とくしゅいあんじょ》RAA

二〇二二年三月一〇日　第一刷発行

著者　村上勝彦（むらかみ・かつひこ）

発行者　喜入冬子

発行所　株式会社 筑摩書房
東京都台東区蔵前二-五-三　郵便番号一一一-八七五五
電話番号〇三-五六八七-二六〇一（代表）

装幀者　間村俊一

印刷・製本　三松堂印刷 株式会社

ISBN978-4-480-07463-8 C0236

ちくま新書

1184 昭和史　古川隆久

日本はなぜ戦争に突き進んだのか。私たちは、何を失い、何を手にしたのか。開戦から敗戦、復興、そして高度成長へと至る激動の64年間を、第一人者が一望する決定版！

1075 慰安婦問題　熊谷奈緒子

従軍慰安婦は、なぜいま問題なのか。背景にある戦後補償問題、アジア女性基金などの経緯を解説。特定の立場によらない、バランスのとれた多面的理解を試みる。

1278 フランス現代史　隠された記憶——戦争のタブーを追跡する　宮川裕章

第一次大戦の遺体や不発弾処理で住めない村。第二次大戦の対独協力の記憶。見捨てられたアルジェリアのフランス兵アルキ……。等身大の悩めるフランスを活写。

1347 太平洋戦争　日本語諜報戦——言語官の活躍と試練　武田珂代子

太平洋戦争で活躍した連合国軍の言語官。収容所から集められた日系二世の葛藤、養成の違いに見る米英豪加の各国軍事情……。語学兵の実像と諜報戦の舞台裏。

1132 大東亜戦争　敗北の本質　杉之尾宜生

なぜ日本は戦争に敗れたのか。情報・対情報・兵站の軽視、戦略や科学的思考の欠如、組織の制度疲労——多くの敗因を検討し、その奥に潜む失敗の本質を暴き出す。

1196 戦後史の決定的瞬間——写真家が見た激動の時代　藤原聡

時代が動く瞬間をとらえた一枚。その写真は希少な記録となり、背景を語った言葉は歴史の証言となった。日本を代表する写真家14人の131作品で振り返る戦後史。

1365 東京裁判「神話」の解体——パル、レーリンク、ウェブ三判事の相克　D・コーエン　戸谷由麻

東京裁判は「勝者の裁き」であり、欺瞞に満ちた判決だったというのは神話に過ぎない。パル判事らの反対意見の誤謬と、判決の正当性を七十年の時を超えて検証する。